Gewidmet
den Stillen mit den sanften Augen
– und allen Lebenden.

# INHALT

# VORWORT

Klaus Kinski & Thomas Harlan, in Paris 1952
Foto: Herbert Tobias

KURZE VORBEMERKUNG ZU DEN GEDICHTEN DES FREUNDES. Fieber hieß ursprünglich Bergell. Bergell war sechzehn, Norwegerin. Klaus hatte sie im Frühjahr 1953 auf einer Parkbank gefunden, ruhend im Gärtchen des Carré du Temple, Paris, 3. Bezirk, nahe dem Markt der Roten Kinder. Er trug sie, Mitternacht, Herbst, auf Händen ins Zimmer – »für immer« in das große, weiträumige Ding, das wir im obersten Stock des Grand Hôtel des Balcons in der Rue Casimir Delavigne für ein monatliches Kleingeld hatten mieten dürfen, und unternahm es noch in der gleichen Nacht, sie aufzupäppeln, mütterlich Amseln ähnlich, noch nicht Liebhaber, um sie dann ein versagendes Herz sein zu lassen, tagelang bald ein jagendes, bald ein stilles, bald von Tachykardie geplagt, blutlos durchsichtig wie Glas und so vollkommen Glas, daß es bisweilen schien, man könne durch ihre Wangen und hinterm Gewirr hellroter Äderungen Zähne erkennen, Milch, Schimmer rosafarbenen Fleisches, im Fieber flackerndes Karmin, Höhle und Rachen, die Entzündung einer mit jedem Hauch heiserer werdenden Kehle.

Bergell hatte Gesang studiert; sie hatte im Herbst des Vorjahres Kirkenes verlassen und das Konservatorium, Heimathafen und Finnmark, das Eismeer, die Mutter (»nur aus den Augen«, sagte sie) verloren und den Vater (»für immer«), der mit geraubten Bronze-Statuetten Giacomettis aus skandinavischen Kunsthallen vor einem Jahr auf Nimmerwiedersehn und von Interpol ausgeschrieben das Weite gesucht hatte. Räuberpistolen? Nein, ein Wunder.

Bergell wußte nicht, warum sie Bergell hieß – wem zulieb. Nur Kinski wußte. Klaus nannte Bergell ihn nie. Das Wunder war ein Gedicht. Vierzehn Tage lang lag Bergell in ihrem einzigen Kleid, in Schwarz, in Seide, darnieder, in endlose, mit Lilien bedruckte Tücher gewickelt, und wollte nicht mehr, nie mehr, gehn; bevor sie schließlich doch ging, mit Klaus ging, fortging, mit dem Bergell schreibenden Geliebten im Bergell verschwand, in jenem namensgleichen, südlichen, hinter Nietzsches Forellen in Sils-Maria durch Kastanienwälder an Giacomettis Bergellener Geburtsdorf Stampa über Soglio hin nach Chiavenna zweitausend Meter tief fortstürzenden Bündener Zipfel, in welchem der Wald sich in Italien verliert – dort, an den oberen Seen genau, wo die faschistische Republik von Salò, Mussolini und seine herzliebste Clara (bald an den Beinen vom Mailänder Dom schon herabhängend) ihren Steckschuß bekommen hatten.

Noch teilte Bergell auch mit mir das Zimmer; noch lag es an der Enge und unseren Grenzen, daß alles, was geschah, in meiner Gegenwart geschah, in meiner unerträglichen; noch jagten die Texte, die derart entstanden, einer den anderen, und, oft meiner ungeachtet, in fieberartigen Aufwallungen rezitiert, ungepflegt, von Gebrüll, Schreien, begleitet, Bergells Atemnot, geradeaus, in steter, in gleichmäßiger Hitze Fieber ohne je eine Kurve, in nie und nirgendhin mehr abfallender Höhe, andauerndem Schwebezustande, zwei Wochen lang, wie fliegende Zementblöcke auf jenen Atemschwaden taumelnd, die Klaus, außer sich neben Bergell liegend, ihr einhauchte, zurückblies, als sollte es Lebenslicht sein, das Ende allen Krebses im Kehlkopf – als wollte er mit ihr, mit ihm, das Ende teilen. Und als beide nun, meiner überdrüssig, immer noch ärztliche Hilfe verweigernd, wie im Nichts verschwanden; als vorübergehende Kräfte, als ein Anflug anscheinenden Aufblühens der Geliebten erlaubte zu fliehen, abzutauchen, in der Bretagne zunächst, dann eben im Bergell, glaubte ich noch, es sei wohl gewesen, um Bergell andernorts als im Pariser Kabuff das Sterben möglich zu machen, leichter (in der kindlichen Annahme, möglicher sei Ableben in einer Landschaft, die deinen Namen trüge) – es sei, kurz, nun um sie geschehen (so nur, nur so konnte ich es mir ausmalen), es sei jene Todesreise die Verwirklichung eines Rachegedankens gewesen an verräterischen Eltern, die Klaus, von Villonschem Duft in den Achselhöhlen Bergells besoffen, nicht minder gehaßt hatte, als es die Geliebte selbst glühend tat, wenn sie, die Geschwisterlose, von der Mutter sprach wie von einer »Lebedame« und vom gottverlassenen Haus im Kirkenes ihrer Finnmark, das der Vater verflucht, der »Kunsthändler« verkauft, der Treulose »angezündet« hatte, der »Verbrecher«, sagte sie, der – wenn du nachbohrtest, wenn das Fieber stieg – nach dem Raub etlicher Paradestücke Giacomettis sich nun »in Paris versteckte«. Und so waren bald die Gedichte die ersten und die letzten wohl je geschriebenen, in Paris, am Ozean entstanden oder im Bündner Land, ein glühender Wortschwall, mit dem Klaus aus dem Bergell allein nach Paris zurückkehrte, ohne je ein

Wort über die Verlorne dann noch zu verlieren, über die Tote vielleicht – in riesigen Sütterlin-Lettern auf Packpapier abgeladene Figuren, in alle Himmelsrichtungen auskeilende Schriftbilder, die allesamt Statuetten des in die Höhe drängenden Giacometti hätten sein können, Dorfheilige, Trinker, Mägde, herzkranke, streichholzdürre, fadenförmig sich von sich selbst in die Lüfte abhebende Erscheinungen in Bronze, in Schwarz und Lila, enorme, oft in Buntstift, Kohlestrichen, mit Ölkreide in die Länge gezogene, jagende, erschütterte, muskellos ins Nichts gesackte Töchterherzen, die, kaum einem kurzen Lichtstrahl der sich dem Wind öffnenden Gardine ausgesetzt, schon ihr Wetterleuchten veranstalteten, kerzenähnlich mit ihren Anspielungen auf Eiter und Karbol in einer Totenmesse Liebhabern den Weg zurück in die Wiege leuchtend.

Alles – Geschriebenes und Notiertes, Gedichte, gebundene abgetippte (Fieber) und ungebundene, Textfetzen und Photos, Magnetbänder und Skizzen, überflüssige Kleidung und Schuhwerk – fand Anfang des Sommers 1953 Platz in einem Koffer, der Koffer dann in einem Seesack, den wir, kurz bevor wir uns in Marseille nach Haifa einschifften, einem Freund anvertrauten, Alain Schlumberger, Offizier der École polytechnique und, damals, französischer König der Rechenmaschine. In seiner Wohnung in Neuilly-sur-Seine schlummerte dann das Gepäck zwanzig Jahre lang ungerührt. Alain Schlumberger erinnert sich, in den achtziger Jahren Freundinnen, den Studentinnen der Elektronik Françoise F. und Françoise F., einmal beiläufig vom Schatz erzählt und ihnen, neugierige Brautjungfern des Genies Aguirre, den Koffer zur Ansicht geliehen zu haben. Der Koffer aber, den 1993 Nanhoï, Sohn der Minhoï und des Klaus, von Alain Schlumberger zurückerhalten sollte, enthielt jedenfalls nicht mehr das Manuskript von Fieber und auch die Tonbänder nicht, auf die es gesprochen worden war; auch nur einen winzigen Teil der Photographien. Die im Frühjahr 1953 in Paris, in Quimper und im Bergell während zweier Wochen entstandenen und später dann im Grand Hôtel des Balcons auf circa vierzig Pack- oder Kraftpapierseiten doppelseitig getippten Gedichte (deren zweite Kopie, Bergell, der Geliebten, zugeeignet, mit der Geliebten verschwand) fehlten, wie auch das (offenbar zum großen Teil verlorengegangene) Originalmanuskript.

Zurückgeblieben allein war, auf handgemalter Pappe, die Photographie eines gefesselten Affen – das Deckblatt des gebundenen Fieber-Exemplars Nr. 1*, den Stillen mit den sanften Augen gewidmet, und, auf herumlungernden Zetteln, von den diebischen Elstern Françoise & Françoise wohl übersehen, die handschriftliche Notiz my five fingers were like 5 erect cocks/depraved worshippers sowie ein säurezerfressenes Tonband von Texten zu Pierre Schaeffers Symphonie pour un homme seul.

Plunder? Nicht nur. Der Hülle, der leeren, fehlte die bald so wundersam von einer glücklicheren Hand ersteigerte Seele, jenes verschüttgegangene, in der Hinterlassenschaft einer Bayreuther Ärztin von wer weiß wem, von Bergell, von den Elstern, von niemandem stammende Fieber-Exemplar, Fundsache einer Putzfrau, der leidenschaftlich leichenfleddernden Frau B., die das Ding ins Auktionshaus trug und für ein paar Gröschlein an den Mann brachte.

Was es nun aber eigentlich ist – man wird es wohl nie erfahren. Es bestand jedenfalls nurmehr aus den losen Blättern jener mit der kleinen, weißen Pariser Olympia-Reiseschreibmaschine kopierten, eben

*siehe Abbildung Seite 116/117

ehemals gebundenen Abschriften, wenn auch – rätselhafterweise – vermischt mit so manchen Gedichten und Texten (wie auch den hier abgebildeten, handschriftlichen Manuskriptteilen, die nicht zu jenem Fieber-Exemplar gehörten, das die Elstern im Schlumberger-Koffer von Neuilly entdecken und von jenem gefangenen Gorilla hatten befreien können). Weder Kinski jedenfalls noch ich hatten je den Koffer nach unserer Einschiffung in Marseille geöffnet; das Ding blieb vergessen und verrammelt; und was vierzig Jahre später in ihm lag, hätte ich, der ich zugegen war, als Nanhoï, der Sohn, das verfaulte Etwas von Alain Schlumberger in Empfang nahm, kennen, wenigstens wiedererkennen müssen; doch vieles hatte anfangs in ihm tatsächlich nie gelegen; es war hinzugekommen, stammte auch nicht aus dem Haifa und Jerusalem vorangehenden Jahr; stammte womöglich aus den Zeiten vor Henzes Idiot, verdammt und vergessen.

Verdammt und vergessen war auch unsere Freundschaft, die, zweimal, ein paar Jahre gedauert hatte – sieben zum ersten, vier zum zweiten, mit dreißig mageren, durch nachgeraden Verrat, Hass, Tiraden, Mucksmäuschenstille bestimmten dazwischen. Freundschaft war es womöglich nie; Bruderschaft, zum Schrecken etlicher Mütter, vielleicht, womöglich eine Ganovenliebe. Klaus der Bruder war älter als ich (um drei Jahre), kleiner (um einige Zentimeter), prüder, stiller, sanftmütiger (um vieles), reißendes Lamm unter Wölfen, Stimme aus der Höhe, der Körper wie eine klingende Gabel, wie ich Körper noch nie hatte klingen hören, Stimmen noch nie so einschneidend, Botschafterinnen lebensgefährlicher Genauigkeit, Klagelaute (so stellte ich mir sie vor) von Göttern.

Angehoben hatte der urplötzliche Zustand grenzenloser Innigkeit mit den Proben zum Idioten, Tatjana Gsovskis Ballett, unter Hans-Werner Henzes Fittichen. Und in Berlin, inmitten also jener wunderbaren, Naziklauen kaum entrissenen, in die Freiheit entlassenen, selig die Kurfürstendämme bis zu unserm Zoo nach Engeln abklappernden Gesellschaft der Knabenliebhaber, die vornehmlich aus Altherrenriegen bestand, dieweil schwule Jugend Lust noch nicht zugab, waren wir bald, auf Mißverständnisse pfeifend, allein von Lockenköpfen fortgeschrittenen Alters umgirrt, schneeweißhaarigen Tanten umsegelt, Tunten umhimmelt, Kunstsammlern auserlesen worden als Talismanpärchen. Und über allem die wohlwollende Dunstwolke der Entronnenen, über allem die in die Jahre gegangenen einhundert und fünf und siebzig Paragraphen und, nicht zuletzt, die wohl gepflegteste Gestalt unter diesen, der Graf, Otto, Regisseur, lebend Kölnisch Wasser, der eigentliche Entdecker des Preußenprinzen Kinski, dessen Wetterleuchten, dessen Weiblichkeit als verlaßne Maîtresse in Jean Cocteaus Geliebte Stimme Tobsuchtsanfälle der Berliner Kriminalpolizei und ein augenblickliches Verbot auslösen sollte.

Kurz: So räkelten wir uns lange Abende lang im Dunkeln zwischen Astern & Kanülen in Dr. med. Benns, Gottfried, Syphiliswerkstatt, in Berlin-Schöneberg, an dessen Tropf besoffen hängend, voller Verse aus Morgue, der ersten Leichenballade vom Schauhaus, die Kinski dem Einmaligen der Haut- und Geschlechtskrankheiten nächtens vortrug, sang, von Suchten geplagt, auf sonnendurchfluteten Lippen, strahlenscharf den Worten das eine vom anderen abschneidend – nein, von Größenwahn, nein, konnte auch damals schon die Rede nicht sein. Seine Größe war dem Wahn jedes Mal um ein Lichtjahr voraus –

proletarisches Kindbettfieber wahrscheinlich, wunderbarer, aus Zoppot nachträglich weggebissener Unrat: Zum Prinzen war halt die Gosse gekommen, Kraft, wie sie in dieser Mischung nur Sippen feingebetteter Rohlinge, Wegelagerer kennen, der römische Hochadel zum Beispiel, gnadenlose Süße, wie sie Villon (»ich schrie mir schon die Lunge raus«) noch unterm Galgen nicht aufhören konnte den Scharfrichtern zuzuflüstern.

Und so war auch das erste Freundes-, Bruderjahr in Begleitung einer von uns angemieteten Vogelscheuche in Gestalt des einäugigen Johnny, 2m02 groß und ehemals Bulle, das Jahr der schweren Jungen, ein Vorwort, ein Gefüge unermüdlichen Spaßes an Kränkungen, Prügeleien in Kneipen, Raubzügen durch Speisekarten, das lichterlohe Abbrennen von Traumautos nächtens im Englischen Garten (weil unversehens mal wieder in München), Karren, deren Wechsel wir nicht mehr bezahlen konnten und so weiter & weiter bis an Ende von Kapitel Eins, Wildnis, für mich haarscharf am Gefängnis vorbei (6 Monate auf Bewährung): Die Schraube eines vom vorbestraften Freund gesteuerten Motorboots hatte einer Nonne auf dem Starnberger See den Brustkorb zerschlagen. Der leidige, unabwendbare Rollentausch hieß vor Gericht nun »Vortäuschung einer Straftat«. Man hatte uns verpfiffen. »Auf der Schwanzwelle« also, wie es das Urteil nannte, »exzentergesteuert, um die eigene Achse schwingend«, hauten wir, wohin sonst, nach Paris ab. Dort wohnte ich sowieso. Und von dort, begeistert, weiter, nach Jerusalem, kurz nach mißglückter Gefangenenbefreiung des sechzehnjährigen »Mündels der Republik« Anna F. aus dem St. Anne gehießenen Pariser Verließ im April 53 (siehe Fassung II von Irrenhaus, im handschriftlichen Original noch der hl. Anna gewidmet), die ihrer Äbtissin eine Hutnadel ins Herz gestochen hatte – später Meerschwein für die Doktorarbeit zweier australischer Medizinerinnen, denen wir unendlichen Idioten aufgesessen, das Opfer aus einem Kloster nördlich von Paris schnurstracks ins Pariser Irrenhaus chauffiert hatten, ohne vor dessen Schlagbäumen auch nur zu ahnen, in wessen Falle wir gegangen waren.

Von der hl. Anna jedoch stand in Fieber, als wir nach Haifa aufbrachen, schon nichts mehr; Bergell, die Unbekannte vom Eismeer, hatte längst zuvor Anna und Irrenhaus und, dann, sich selbst auch vergessen und war, unausgesprochen, sich nicht mehr an sich erinnernd, als wäre sie längst schon nicht mehr die Bergell des Klaus, irgendwo zwischen Himmel und Erde in Schwarz und Lila namenlos untergegangen. Auch bei Kinskis letztem Besuch in Paris im Winter 1990 war weder von ihr noch von Koffern oder Gedichten die Rede, nur von Geld noch, Sorgen, von Patrick Süßkind und einem ihm gewidmeten Parfüm namens Kinski, zu allerletzt dann Paganini, dem letzten finanziellen Rettungsanker vor dem kalifornischen Untergang, und unserem russisch-fernöstlichen, mit Sviatoslav Richter für das Jahr 92 ausgedachten, im Chinesischen Meer zu drehenden Film »Catherine XXXIIIrd«.

Der Untergang hatte damals schon seine Ordnung; Klaus verkloppte bereits seine letzte Liegenschaft – eine Insel. Pilot und Notar, die das Paradies der Bahamas überflogen, um das Kleinod von oben zu photographieren, fanden das Ding nicht mehr; eine Tragödie. Der Handel kam nicht zustande; das unauffindbare Eiland blieb eine offene Wunde der kalifornischen Bank, an die es abgetreten worden war.

Die letzte Bitte am Nachmittage vor dem Tod war – dringend – die Übersetzung einer siebenseitigen Verfluchung der Pariser Photoagentur SYGMA ins Französische. Auf dem Faxpapier wuchsen Sütterlinbuchstaben immer drängender in den Himmel; die letzte Seite bestand nur noch aus fünf riesigen Schimpfworten. Am folgenden Morgen war Klaus tot. In der Nacht des 23. November 1991, in der er, gründlich, aufgehört hatte, über sich zu wachen, mußte er sich wohl losgelassen haben, als, in freiem Fall und obschon gesund wie eh, das jagendste aller Herzen, immer noch grundlos, einfach versagte. Myrna G., die letzte Liebste, eine Ägypterin, die in Minhoïs Schatten die Urne von Lagunitas aufs Meer fuhr, sagte, der Tod sei, eben weil grundlos, »wunderbar« gewesen, ein Streich, ein letzter, des deutschen Genies polnischer Nation, sich selbst, wem sonst, gewidmet, dem Sanften und dem Lebenden.

Thomas Harlan
im Januar 2001

01 |

# TEIL 1 | FRÜHE GEDICHTE

## 15 | DER WELTIRRSINN*

Wer kann den Glauben heute noch bezahlen –
Leise Idee liegt auf der Bank versiegelt –
der Leichenträger hat sein Haus verriegelt –
gezähmter Ansturm hinter Milchglasschalen –

da ist ein Auto aufgetaucht aus allen –
und einer stellt sich vor als Würdenträger –
auf einem Dach bückt sich ein Schornsteinfeger –
von einem Baum ist Rinde abgefallen.

Der zugeschweißten Türen runde Welle –
Der Wahnsinn liegt bereit wie weiche Huren –
die blaue Suppe schwankt in langen Booten –
am Fenstergitter hängen kalte Zoten –
die Pflegekinder treten auf der Stelle.

Sie haben konserviert für schlechte Tage –
Der Irrenarzt hat sein Gesicht gebügelt –
Der Koch hat den gesunden Hund verprügelt –
im letzten Bett liegt stummgemachte Frage.

Sie grüßen mich mit amputierten Haaren –
und an den Füßen eine Streichholzschachtel –
die in der Ecke sammeln alte Kreise –
der Tote unterm Tuch verschluckt sich leise –
und keiner kann die Jahreszahl erfahren.

Da blättern sich der Wände flache Hüften –
bemühter Kitzel will das Ende schreiben –
ich schlage hohes Licht in Euer Leiden –
und wie ich mich an Blumen rausgewunden
so hab ich einen neuen Tod gefunden.

*| IRRENHAUS – ERSTE FASSUNG

**ABLAUF**

Wer bleibt –
ich weine – Wohnungslöcher –
der eisenalten Handlung starres Mieder –
die abgepaßten Würfel kommen wieder
und fügen sich dem Rückschritt kleiner Fächer.

Selbst offen in der Ornamente Gleichschritt
erheben sich der Eingebornen Füße
und schachteln alte Blätter – tiefe Süße –
die vielen Gäste bleiben mit dem Fußtritt.

Der Hinterkopf – Gesichter tiefe Mulden –
der abgetretnen Ordnung feste Sachen
versuchen den beliebten Schritt zu machen –
verlieren sich in die vergessnen Schulden.

Der Wiederholung Einspruch würgt den Fortschritt,
duckt sich im Wandelgang der Abendstufe
– von dürren Pferden bleiben nur die Hufe
und der Bedeckung Krankheit langer Läger
verwirft der Meinungskreise zarte Träger

So kann ich nicht auf meinen Glauben warten –
der Händelinie schwache Ketten feiern
die Obhut feiner Töpfe unter Tage –
der atemlose Ausfall – wirre Frage
– Ein Aufschrei – eine Straße – und ein Garten.

Berliner Festwochen 1952

Im Berliner Hebbel-Theater findet am 2.9. die Uraufführung der Oper "Der Idiot" mit der Musik von Hans Werner Henze unter der choreografischen Leitung von Tatjana Gsovsky statt. Unser Bild zeigt Klaus Kinski in der Titelrolle.

Der neue erste Blick ist schön und schön
– mein Gott, Dein helles Wunder
weil unser weite Tag so voll und schwer gewesen
aus tiefer Heilung schmale Worte stammeln –
ich kann des Morgens Langmut kommen sehn
– im weißen Willen liegt er hingestreckt
– bescheiden alle Welten abgelassen –
und heiße, leichte Wellen ausgeteilt –
die blauen Waiden sind vorausgeeilt
sich unter einer steilen Brust zu sammeln.

## MORGENGEDANKEN

I

Ich muß das Weiße ablassen –
ich muß mich vor Silber in Acht nehmen –
3 mal hat sich schon der Schatten von einem weißen Blatt
für einen Vogel ausgegeben –
und Vögel sind so schnell gewesen –

II

Wer hat den Anfang gesehen? Wer hat den Anfang bei sich zum Aufsehn?
Wir wollen den Rinnstein absuchen, ob er irgendwo besoffen liegt –
Wir dürfen nicht so herumstehn – es kann jeden Augenblick losgehen.

III

Sie haben Christus wieder über Nacht verteilt –
Jetzt müssen sich die Ersten mit dem Abwasch plagen –
und immer muß darauf geachtet werden, daß die Masse nicht zerschlägt,
woraus er gegossen ist –
Warum seid Ihr ihm nicht gefolgt? ich bin ihm auch nicht gefolgt –
ich bin ein Schwein

————

und Ihr?
? ? ?

IV

Ohren und Hände müssen offen liegen –
Die goldenen Rahmen haben sich wieder zum Vielen entschlossen –
    10 mal sind die Straßen schon herumgegangen –
    ich weiß, daß die Nacht schon vorbei war, bevor mein Auge aufstand.

V

Achtung!  Die Blumen stehen schief!
Die Parktiere müssen erst 2 oder 9 mal die Gänge gehen –
    Wir müssen aufpassen – die dünnen Töne sind zuerst
    nicht immer eßbar.

VI

Gebt acht, wenn ihr an den Spiegeln vorbeilebt –
man weiß nie, wie Vieles sich versammelt hat.

VII

Wir müssen laufen, wenn unsere Läger aufgetan werden nach dem
großen Essen und der Verabredung mit dem letzten Traum –
    es kommen so viele harte Leichenteile zu Tage, die wir
    vielleicht nie benutzt haben ——
    mindestens 2 mal müssen wir laufen ——
    Vor den Gerichten ist nicht erst ein Zeichen.

auf

vor

Aussa

lbt de

Kein

Fliehend entgegen – Blumen aufgebunden –
gedunsen ist das Silber in den Fenstern
die Milchfrau fürchtet sich vor Lachgespenstern
der Kleine hat ein Waffennest gefunden.

Sengender Treffpunkt – ausgedehntes Hoffen
williges Greifen – langer Fuß im Süden
so angespannt herab in Nervenzügen
hab ich der Mädchen weißes Hemd getroffen.

So Flügel, leicht aus Draht – und Nachgebilde
– Der Mäntel schwerer Nachgeschmack ward trocken
– Selbst wenn Geschwister breit im Wege hocken
im Anflug steile Luft ist weich und milde.

So kam ich sicher flüsternd auf den Freiplatz
die Zeit hat sich versteckt vor jedem Ausspruch
der Tore weite Beine haben Aussatz
und für das wache Auge bleibt der Schrei,
gelangweilt ahnungslos geht Kain vorbei.

**VIELLEICHT IST MORGEN LICHT**

Vielleicht ist morgen Licht – ich kann nicht trinken –
der vielen Wohltat gutgemeintes Rühren
braucht weite Zuflucht eingeräumter Türen –
und muß ein Blinder mit den Augen winken.

Der Vögel Nachtgesang ist voller Abseits –
senkrecht im Schiffchen liegt der Gosse Ansicht –
und loses Preisen, wenn der Grund sich bindet
daß auch der Abgang kurze Ruhe findet
ist der Bewegung Aufsehn, große Zufuhr
im Gestern gegenüber bleibt die Sanduhr.

Vielleicht ist morgen Licht –
im stillen Kleide sammelt sich ein Beugen –
und strenge blasse Stunden – harte Siegel –
im langen Absturz bleibt das große Zutraun
die neuen Augen grüßen sich im Spiegel.

# DER EINGRIFF

4 mal geprüft – wie alte Kinder toben –
schräges gemusstes Werk verhangen –
in Übelkeit ist Baum und Buch gefangen
so schwerer Himmel hat den Sinn verschoben.

so noch die Zeit in Stunden – Scham und Liebe –
der Violine helles Gelb gesegnet –
im wachen Hinblick war sich Gott begegnet
den freien Geist umzogen lila Triebe.

da läßt die Erde Blei – geteilte Schatten –
der Wege schwerer Arm verläßt die Richtung –
der Hände Weitsicht – aufgelöste Matten –
und wie der Kinderschuhe Absatz zittert
so hat der Eingriff Sterbende verbittert.

Noch sind der weißen Deckung tiefe Hänge
wie lange Vasen um den Schmerz geschlossen –
der Flöten tiefer Ton geht hoch im Kreise
die schweren Füße lachen leise,
und singen letzter Strophen runde Enge.

Der großen Vögel weites Augengitter
hat blinde Sendung von der breiten Fläche
Der abgestürzten Augen langes Warten
bleibt wie der Anfang langer Pilgerfahrten –
der selben Schatten eingeübte Schwäche
verliert sich ohne Umschau im Gewitter.

Da stürzt ein roter Strahlenkranz ins Zimmer
das junge Fieber feiert an den Schläfen –
die Mädchen in der Sonne werden groß
und läuten ihren ungenannten Schoß –
die heiße Brust der Jungfrau grüßt wie immer.

Ich trete müde in den Abend ein —
Ich will nicht vor die neue Stunde greifen —
Ich bin bereit, die Frage abzustreifen —
Ich gehe jede Stufe, Stein um Stein —

Ich habe eine Türe aufgeschlossen —
Ich trage ruhig an dem großen Fisch —
auf einmal steht mein Kopf auf einer Treppe
die Peitsche schlägt um den nervösen Tisch
die Hitze hat mich einfach abgeschossen.

Die kranke Seide fordert ihre Muster
und niemand hört mein lautes Brüllen —
Das Blut muß an die Wand als Reiseführer
auf einem fremden Hof muß ich die Taschen füllen
und in dem Kellerfenster klopft ein Schuster.

Ein tiefer Riß – vier Augen stehen aufgeteilt im Raum
im Hinterblick der letzte wache Traum
wie einen Schüler, Schwermut im Gepäck
kaut jeder Mund geheiligtes Gebäck.

So steht das Rote durch und durch im Hellen
und blauer Nachtgedanke schweigt beim Trinken
und neue Farbe, späte Haare winken
und an der Iris liegt der Gruß gesammelt
hier hat mein Herz den letzten Blick gestammelt
und zeitlos ohne Ausgleich Hundebellen.

Die Zeit schlägt rückwärts an – so spricht Gewesenes das Neue
und laut wie leise spannt der offne Körper
die letzte Antwort auf die bunte Seide
die Nächte, Eure Stirnen, Tau und eingekerbt
das große Früchtebrechen ist in Euch vererbt
und der Reflex im Auge hat das Grüßen
und leichte weiße Kugeln an den Füßen
der neue Tag ist reichlich für die Treue.

Nebel und Schwachsinn löst die Wache ab
die Zeit liegt faul auf elf und lange Pause
im Ohrenrauschen bin ich nicht zu Hause
die eingeschlafnen Himmel sind mein Grab.

Der Bäume leichter Zwischenhut ist schwächlich
und wie der Leichnam eines Säuglings schweigen Sterne
und lungenkranke Wetter, blaue Wärme
wie in der Pestzeit bleibt das Licht gebrechlich.

Wie abgesprochne Scherben selbst das Umgewandte
die neben mir erzählen frech am Tod vorbei
der Schädelmann im Auto frißt ein Ei
der Schlußstrich fragt, wer breite Wärme kannte.

Wo ist der Süden, für die weiten Beine
das heiße Holz, Umarmung weicher Fluß
ich sterbe hochgestreckt für jeden Kuß
zerreißt die Schwangerschaft, in jedem Herz sind Steine.

Herr Jesus, warum mordest Du so feige
Die Raben von van Gogh sind lange leer
man trinkt sie aus und wollte immer mehr
denn Deine Phantasie geht längst zur Neige.

Ihr habt den Blick in Ecken eingeteilt
die Erde ist durchbohrt an Eidesstatt
denn alle sind vom Worte reden satt
ich hab schon meine Seele angefeilt.

Die Kinder haben ihren Leib für morgen eingetauscht
und wem der Kopf schmerzt paßt sich schnell der Farbe an
und jeder Mensch erstickt die Kinder wie er kann
zum letzten Fasching wird noch alles aufgebauscht.

Der Schreck sitzt in der Blumenkränze Augen
und die Bewegung wird zum faulen Stock
und durch die Fenster läuft ein grauer Bock
und niemand will für einen Freitod taugen.

Die Blumenerde lächelt aus den Gittern
und jeder steht auf Brot und sieht es nicht
und Paralyse ändert das Gewicht
wer Fieber kauft, der braucht nicht mehr zu zittern.

Die Wolken haben sich am Dasein festgebissen
die Vögel haben keine Drüsen mehr
die Pubertät lutscht ihren Beutel leer
die Abflußrohre sind gerissen.

Die Schwärme sind für diese Tagung träge
und der Bazillus steht und handelt kaum
vor meinem Fenster steht ein müder Baum
ach, wenn ich erst auf spitzen Farben läge.

**DER SCHREI**

Mit Stunden meine Augen aufgeschwollen
ich habe Gift im Schweiß für heiße Tage
die Antwort neigt sich auf die greise Frage
warum sie denn auch immer trinken wollen.

So schwer wie Mais wenn Eure Füße lallen
so schlägt das Wasser mit dem Unrat ab
und wie das Steingewordene Zeichen gab
so soll der Schrei im Hinterland verhallen?

Da irrt Ihr Euch, wir kennen unsren Galgen
und auf den Schatten wartet eine Rinne
wir hüten selbst den Abdruck einer Spinne
und sammeln Eure federleichten Algen.

Gott teile Euch das Schwergewicht im Fuße
ich warne vor der breiten Brust aus Holz
im eignen Tod ist die Materie stolz
ich reiss Euch nieder, das ist meine Buße.

**STÖRRISCHER ABGANG**

Mir liegt die weiße Sonne zu
viel rot in rot – ein langer Glaube
wie weit im voraus ich erlaube
im Spiegelrückweg lebt die weiße Kuh.

So halb geduckt – im Abwandt harte Striche
so schnell geordnet nickt der neue Baum
der Fußmarsch – heiße Perlen, hoher Raum
ach, wenn ich doch der Handbewegung gliche.

Störrischer Abgang – loses Übergreifen
die Sonnenkinder öffnen – leichtes Ausmaß
wie schmaler Blütenwehen letzter Anlaß
und langer Zuspruch mildert spätes Reifen.

Im Antrieb neues Mißtraun laute Welle
die Andern gehen in die Häuser fort
der Hände lange Fahnen winken Mord
das frühe Instrument bedeckt die Stelle.

Da faßt mich der Umarmung heiße Hand an
umlagert wie Gebet von Kinderzungen
ich habe sehr für diesen Tod gerungen
singendes Sterben sieht das Bild an.

# ACH, GEBT MIR MEINEN TOD

Das Feuer brennt – und wo ist mein Gesicht?
ach, gebt mir meinen Tod, damit ich bleibe
mein linker Fuß ist nicht mehr auf der Scheibe
und Eure Häuser, die berühre ich ja nicht.

Viel Hoffnung liegt im Ast, schon lange hat mich niemand angelacht
und jeder Hund hebt atmend seine Brust
ich habe auch zum Gräserpflücken Lust
der Wahnsinn hat mir schon ein Angebot gemacht.

Ihr laßt die Dächer von dem Wasser trinken
Ihr tragt die Beine weit und viel und schwer
und die Geburten durften immer mehr
laßt mich in Eurem Schoße hinken.

Ich schrei Euch zu, weil ich nicht beten will
denn Gott hat mich gelangweilt angepißt
ich sehe jetzt, er hat mich nie vermißt
und seine Sommer halten nicht mehr still.

Ach nehmt mir nicht den Weg nach Eurem Schritt
die Blüte trägt im feuchten Schmerz mein Zeichen
wir müssen der gekrönten Sonne weichen
und wenn Ihr nicht bereut, so nehmt mich mit.

»der Mann, von dem es heißt«

Napoleon
Kinski – Bewegung                }

Wunderkind
Schreckenskind                   }

Genie
Wahnsinniger                     }

Schlechter Mensch
Betrüger                         }

Landstreicher
Kind                             }

pathologisch
göttlich                         }

schön
häßlich                          }

Engel
Teufel                           }

unberührt
verdorben                        }

»in seiner Generation ohne Vergleich«.

göttlich

schön

häßlich ?

Engel ?

Teufel ?

unheimlich ?

# 02

# TEIL 2 | LEID – LICHT

## ICH – GEGENSATZ – GEGEN MICH SELBST

Ich weiß nicht, wer ich bin und wer ich war –
ein Fremder vor mir selbst – und neu für mich –
und alt, wenn ich im Spiegel sehe –
Ich glaubte, daß ich überall zu Hause sei – und
war schon heimatlos, bevor ich noch ganz dort war –

Ich bin durchaus sehr zart – und fühle mich doch
kräftiger als alle – so stark manchmal – so schwach – so oft
( ich war verbuht und zäh – und schwach und ohne Willen – ohne Mut )

Ich fürchte mich doch eigentlich vor nichts – und dabei fürchte ich oft alles –
Ich will nicht einsam sein – und sehne mich nach Einsamkeit, sobald
        ich nicht allein bin.

Ich will ja lernen, lernen, und ich hasse meinen Schlaf, weil er die Zeit
        stiehlt –
        aber ich bin so übervoll von mir –
Ich bin voll energiegeladener Ideen – und voll von so viel Traurigkeit –
– Ich will leben und ich will sterben – und ich tue beides oft –
Ich war so gierig auf ein Glück – und sieh, ich hasse das Gefühl des Glücks –
Ich war in allem und ich wollte nirgends sein, wenn ich in allem war –
Ich glaubte stets an Gott – doch ich bespuckte ihn, und habe auch ein
        Kruzifix verbrannt –
und auch mein Kreuz und die Madonna fortgeworfen –

Ich liebe meine Sonne – und ich hasse sie, weil ich begreife, daß ich
ihr nicht entkommen kann –
Ich liebe Huren, Diebe und vielleicht auch Mörder – weil ich ihr Schicksal
        liebe –
        wenn sie eines haben –

und auch die »Verrückten«, wie sie die Menschen nennen – sie sind wie
Blinde, die schon lange sehen – auch alle Huren stehen über uns,
        weil sie so viel zu leiden haben –

Ich fliehe jeden Tag – und wenn die Nacht kommt, und so stehenbleibt
        die ganzen stundenlosen Stunden,
            dann bin ich so sehr krank, weil es nicht Tag ist.

Ich flehe Gott um Schutz – und höhne ihn und mich danach, wenn er es tut –
und muß dann wieder fliehen – und wenn ich ausgesetzt bin
        und zerrissen werde,
        dann flehe ich um neuen Schutz.

Ich hasse alle Kinder – und doch knie ich nieder, wo ich eines seh.

Ich suche mich – und wenn ich mich gefunden habe, bin ich mein
            größter Feind.

Mir brennt die eigne Haut wie Feuer –
Und mein Blut ist wie ein unberechenbares Tier –
Ich flieh vor mir und meinem Leben – und ich hasse mich, der mich
            vernichten will.

Aber ich bitte Gott um Schmerz und schweres Leben –
und um Gedanken nach dem Fieber –
        ich will für jede Blume leiden, wenn sie lebend stirbt ——
und will auf immer dankbar sein, wenn es in jedem Jahre Frühling wird ——
und will die Kraft abwarten nach den Schmerzen.

Gott gib mir Kraft  die Zwischenzeiten auszutragen – ohne Schrei
        und gib mir Demut für den großen Schoß.

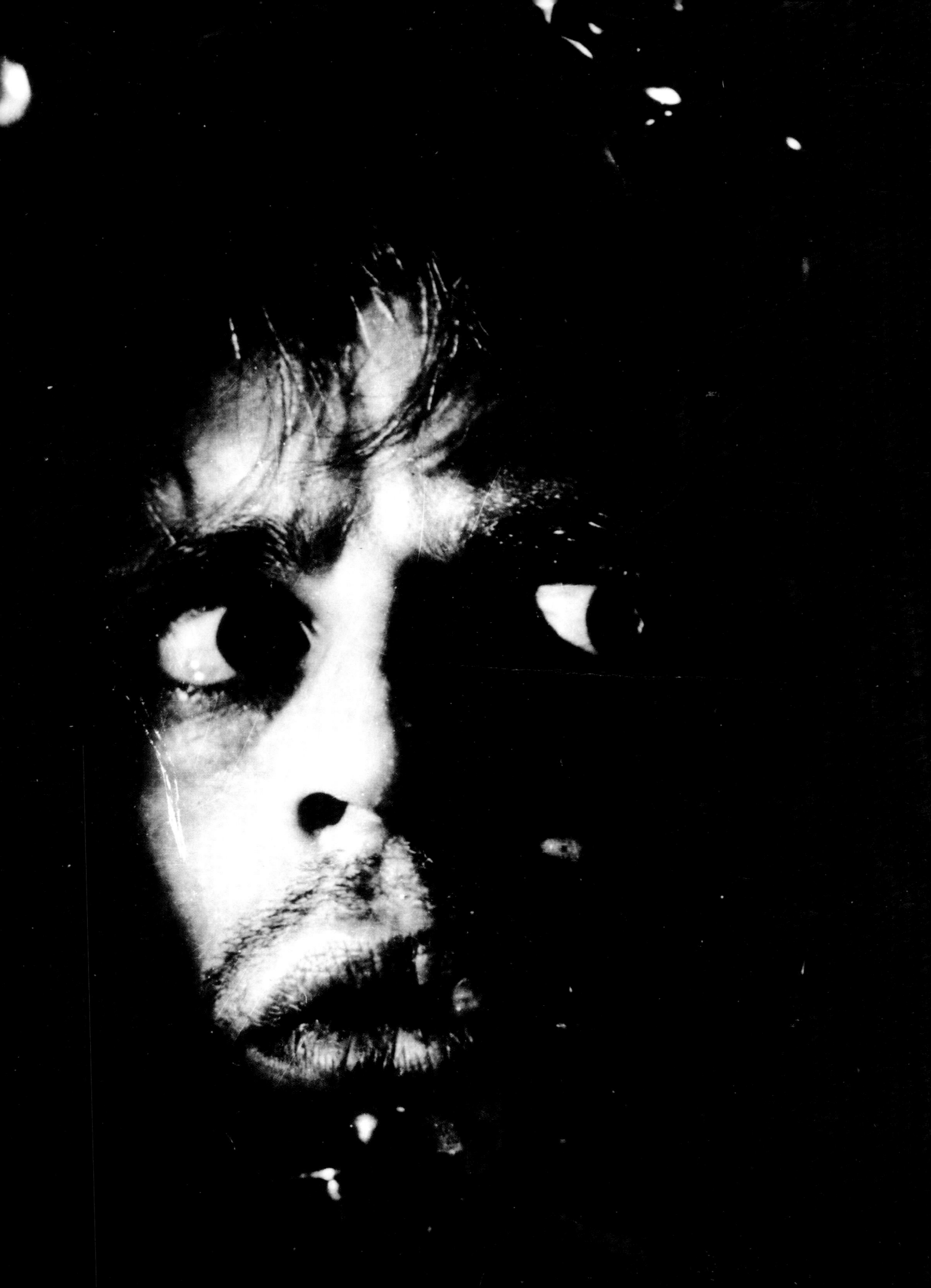

**DEMUT**

Und er ging durch seine Straßen und sah den Vögeln nach, wenn sie flogen und lachten – und er verstand ihren Flug –
Und er lernte sich aufzuschwingen wie sie – und sein Gang wurde leicht –
– Und er sah die Hunde und Katzen, und die Pferde, die schwere Lasten trugen – und er fühlte die Treue, die sie verschenkten, und ihre Demut auch, und er wußte, daß sie von Gott waren –
und als er die Bewegungen ihrer Seele hörte, in jedem Gang und bei jedem Wetter, und als er sah, daß sie ertrugen und nicht sprechen wollten, – da besah er sich, und wollte so sein wie sie – und ertrug so vieles und sprach nicht.

Und als er die Blumen sah, wie sie so viel würdig waren in ihrer Verlassen-heit, und wie sie verschwendeten, was sie besaßen, ohne zu denken,
      was der Tod mit den Blüten macht –
      und die so lebten, sich hinzugeben ganz –
da wollte auch er so einfach sein wie sie – und sich mit Sonne schmücken
      und hingehen, sich hinzuhalten als Glanz –
– und als er die Menschen sah um sich, und die große Not, und die Geburt
      des Kindes und das Aushalten der langen Zeit, da ward er erschüttert von ihrem großen Mut und ihrer Sehnsucht nach Hoffnung, und da besann er sich auf das endlose Schicksal der Welt und verneigte sich tief und wollte ertragen mit ihnen.

Und als er das Werden und Sterben des Jahres erfuhr, wo alles sich fand und sich stellte zum Einklang, und als er alles begriff – da gab er sich hin, es durch sein Beispiel bewußt zu beschwören, daß es so bliebe, und daß es die anderen begriffen außer ihm, und daß die Augen nicht verschüttet würden, alles dies zu schaun – und er wußte, daß ihm nichts selbst gehört, gar nichts – und daß er das, was er erfahren hatte, weitergeben muß, und sich bemühen muß, neu zu erfahren, damit er weitergeben kann.

### 27. MÄRZ

... O mein Gott, wie furchtbar teilt sich die Sonne, wenn wir nach ihr
greifen, um uns daran zu wärmen — Sie teilt sich, als täte die Erde sich
auf in großen Rissen — und sie lacht nur im Kreis —
       ach, ach — hingeben ist noch alles —
und erschrecken nicht über den Schmerz, wenn wir ihn doch suchen —
       und wir singen in seiner leichten Ohnmacht — und
       vielleicht ist nichts Schweres mehr.
Mein Gott, weinen für Blumen einmal, damit sie ein wenig ausruhen —
       — ich brenne ...
       und die Sonne schleicht schon herum,
       aber ich weiß es und bin gefaßt —
       aber ich brenne schon — denn die Sonne ist schnell —

### 29. MÄRZ

Ach, schon bei dem Gedanken zu schmücken, warten so viele Henker —
und alle behaupten immer, daß man zu lange macht —
       Warum so viele auf mich warten!?
       — ich habe ja kaum zu Ende gepflückt
       — glaubt Ihr, das sei so faul und geflohen?
Ach, wenn Ihr wüßtet, — es sind so viel alte und neue Tränen dabei —

### 2. APRIL

... warum brauche ich wieder so lange zum totsein! Und noch immer
ist das letzte Sterben nicht vorbei — noch immer schwellt die Zeit auf
       meine Kosten —
... aber es ist kein Tod so ewig, daß man sich nicht mehr erheben
       könnte —
       ich stehe ja wieder auf —
es ist ja auch nicht so lange her, daß der neue Frühling aufstand —

### JANUAR, FEBRUAR, MÄRZ, APRIL ... VOR UND NACH MEINER GEBURT ...

O es gibt keine größere Not als die Angst — und ich habe schon Angst
        vor meinem Zimmer
— vor den alten Geräuschen, die sich so eingerichtet haben, als wären sie
        die eigentlichen Mieter —
und die mir nicht sagen wollen, ob sie mich töten —
        oder ob sie gemein sind wie Wahnsinn.
Warum darf ich nicht einen Raum haben, wie alle anderen doch auch —
warum sind mir immer die Füße und die Gesichter so schwer —
        ohne Austausch —
Warum hab nicht auch ich ein Loch unter dem Himmel —
warum greifen die Zurückbleibenden nach mir —
        mich zurückzuziehen ins Zimmer —
ins Zimmer — ach, bin ich nicht gejagt genug?  Nie waren die Wände freundlich
        zu mir —
nie, nie wußte ich, wohin ich leicht und dankbar gehen konnte —
        — und Kirchen sind wie Automaten.

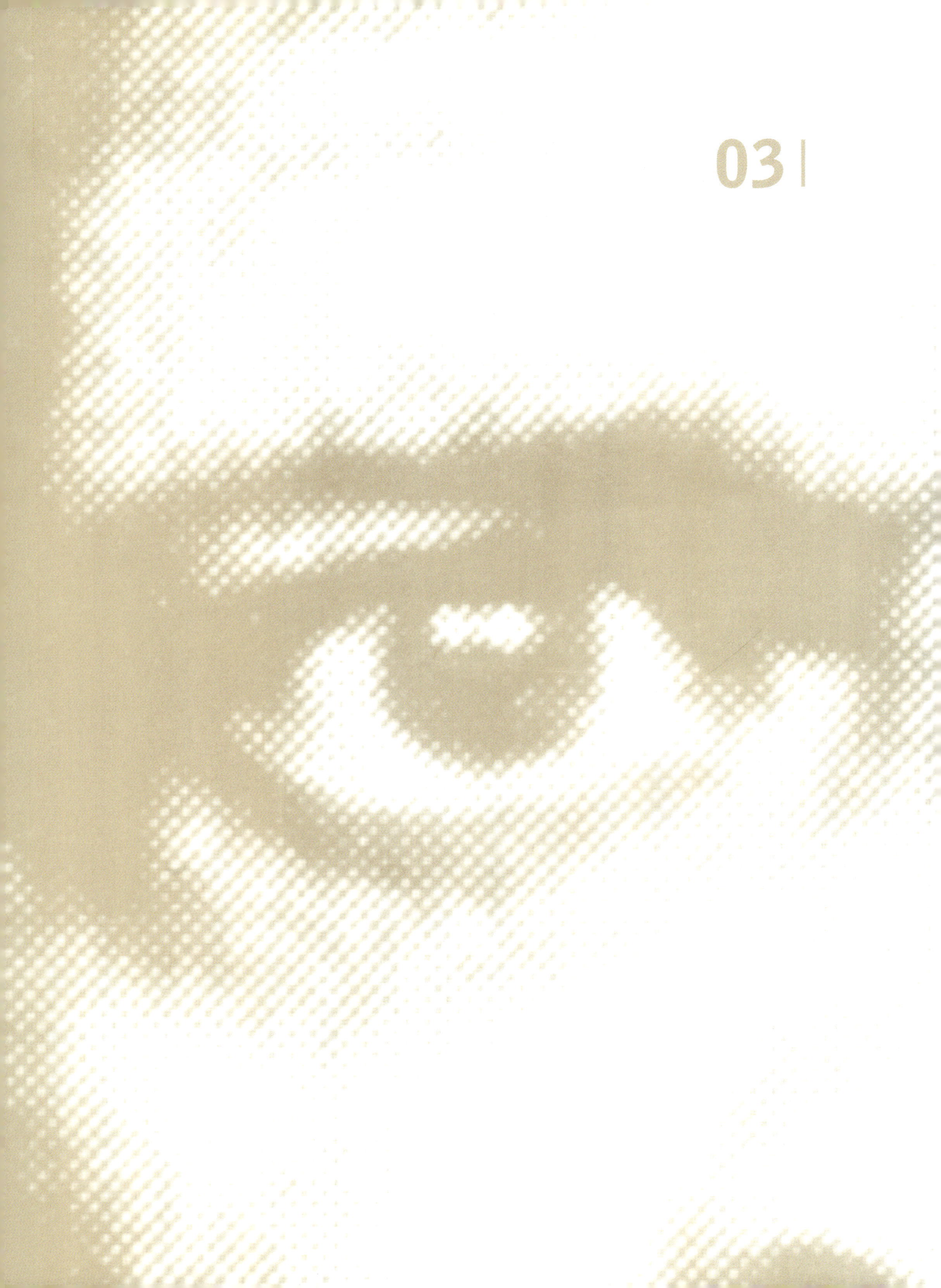

03

# TEIL 3 | FIEBER – TAGEBUCH EINES AUSSÄTZIGEN

## OKTOBER 1952

nass!! !

! ! ! !

ert! !

lachtel

# IRRENHAUS

**I**

Die Menschen sind bis tief ins Herz verhurt!
was wollten sie von mir!  ich hatte nichts getan!!
ich hatte nur mein Leben durchgerissen,
weil sie mir Eiter in die Seele pissen!!
ich krümmte mich unter der Nachgeburt,
die mir im Wirbel flattert wie ein irrer Hahn ———

**II**

Ich raste wie ein ausgelaufnes Auge
und hob die fleckig eingeknickten Flügel auf ...
da schlug das Gottesaas mir seinen stumpfen Knauf
in meine Kehle, daß mein Schrei ertrank!!
ich schwamm wie Rotze auf der scharfen Lauge ———

**III**

Sie jagten mich wie einen Menschenfresser!
und wie von einem aufspalierten Thron
berotzte mich der nadelscharfe Hohn
der Schwestern, die sich wie elektrisch Licht
in ihre Hosen strullten vor Gewieher
über mein tränenbrüllendes Gesicht!!!

**IV**

Ein kahlgefressnes Auto, blutbesetzte Krallen –
mit einem Gummilatz stellt sich ein Seelenpfleger
auf meinen ausgefransten Kerzenmund –
dann bückte er sich wie ein Schornsteinfeger!! –
von einem Baum ist Eiterschorf gefallen ———

Das Auto schrie durch mein Gehirn,
die Knechte schlugen wie auf unsichtbare Gäule,
die Gegend fraß wie Kernseife im Mund –
durch Kerkerschlitze sah ich eine Friedhofseule –
sie rieb den Arsch an meinen Augen wund ——


Ich wimmerte auf durchgelittnen Ledermatten
und griff mir weinend an die Wahnsinnsbeule –
das kam von ihren Fäusten, die mich taub
und lahm und blind und stumm geknüppelt hatten ——


V

Ein zäher Ruck – ein Sumpf – geduckte Stauden –
die Klappe sprang, ich wurde abgeladen:
ein Wartesaal von aufgetretnen Maden!
Kanülen, Zangen und ein Bregenfaß!
die Wände waren selbst von Tränen naß!!
der Irrenarzt !! das Massenmordsignal!!!!
die Nervenstummel hat er chlorlackiert!
ein Gott aus Nylon, der sich blutig lachte! –
ich schrie noch einmal angstzerschäumend auf
und zuckte wie an einer Galgenschnur –
dann pißte Gott mir in die schwarzen Venen!!!!
ich konnte mich nicht mal nach Christus sehnen,
der selber wie ein Irrenhäusler lachte ——


VI

Ein Lokus gröhlt mich an zwischen den Betten:
da suppt mir so ein Klumpen schon aufs Hemd!
da kommen zwei, der eine stemmt
sein Rückenmark wie eine Hantel hoch –
ein dritter hält mir seinen aufgeplatzten Schlauch entgegen,
und einer sitzt in einem Schaukelstuhl und weint –
und einer grüßt mich mit gemähten Haaren
und an den Füßen eine Streichholzschachtel –
die in der Ecke sammeln alte Kreise,
der Tote unterm Tuch verschluckt sich leise,
und keiner kann die Jahreszahl erfahren ——

## VII

Ein Kind stürzt auf mich zu, nimmt meinen Arm —
in Spiritus verwahrt man seinen Blick —
ich springe keuchend einen Schritt zurück,
denn seines Wahnsinns zentnerschwere Sichel
faßt mir wie ein verstorbner Fliegenschwarm
mit kalter Klaue stöhnend ins Genick ——

Käfer aus Zink mit elektrischen Augen
tasten mich ab wie ein reifes Geschwür
und gießen Salz in das zerrissne Klee
von meinem Herzen wie in wilden Schnee
und wiegen mich wie eine Tonne Kot —
ich kann mich nicht bewegen, ich bin tot —
dann krieg ich einen abgenutzten Tritt
und eine Nummer, die ich nicht erkennen kann —
mit schweißzerkautem Hemd, Lysol am Arsch,
beginnt der letzte blasenblaue Marsch:

## VIII

Sie löten mich an einem Lager fest,
an dem noch die zerrissnen Warzen hängen
von einem aufgelösten armen Schwein,
das hier in dieser Grube ausgelitten hat,
als ihm im Hurrikan der Gliederpest
flüssiges Fleisch über die Ufer trat ——

## IX

Maria!  warum wächst der Menschen Eiterstrauch
durch mein Gehirn!  dich hat ein Paralyt geküßt!!
Gott nagelt Ölpapier vor deinen Bauch,
weil du mit Syphilis geschwängert bist!!!

## X

Die Menschen sagen, daß ich irre bin!
doch große Flammen schäumen durch mein Blut!
ich habe schon mit meiner scharfen Glut
den Muttermund verbrannt —
ich bin der Erde reingebliebner Sinn!

Die schwarzen Arme heißgelaufner Frauen
rissen die Zweige ab von meinem wilden Mund
und saugten Belladonna aus den Kirschen —
im Blutbusch ihrer Schenkel wie bei Hirschen

biß ich die nassen Fiebertiere wund
und konnte ihren heißen Mohnschaum kauen!
ich war so froh wie lange Sonnenblumen!
ich ritt auf meiner Freude wie auf einem Gaul
und ohne Schlaf von Nacht zu Nacht,
und schlief erst ein, wenn mein Gesicht zerlacht
und ausgebläht von süßem Traum zerbügelt
die großen Augen ihrer Brust beflügelt,
die sich so bäumend an mich hingeschenkt
und mich so mütterlich getränkt!!

Sie wußten nicht, daß mich mein Leben lang
das fieberscharfe Maul der Sonne hetzte!
sie wußten nicht, daß sie mich lebenskrank
und wie ein Wetterleuchten rasend machte
und daß sie gierig meine Jahre trank!!

## XI

Hier scheißen nicht mal Ratten an die Wände!
bis hier kommt selbst der blöde Winter nicht!
der Tag zieht Gummihandschuh auf die Hände
und dreht den blinden Arsch in dein Gesicht!
nur manchmal schlägt sich ein verstörter Wind
die Schwingen an den Glatzenwänden lahm –
ach! wüchse doch der Himmel etwas näher her!
der Tod erscheint nur einmal wöchentlich
und furzt dich müde an –
ach! wüßtet ihr wie schwer es ist,
wenn man gehängt ist und nicht sterben kann!!

## XII

Da mausern sich der Wände feiste Hüften:
Ich bin frei!!!!

Du Alter, der an meinem Halse schluchzt!
du armes Schwein auch, das mich angefurzt!
seid unbesorgt! ich kann mich nicht mehr freun!
ich schreie weinend unter den Gestalten,
die Christus auf den Wasserköpfen halten,
und ihre schwefelwilden Tränen stechen
wie Dornenkronen in mein krummes Herz!!
vergebt mir meine Freiheit! euren Schmerz
kotz ich der Welt in ihren Eiterrachen!!!!

**ICH WILL KEIN GRAB**

Ich will kein Grab! Gottes Eunuchenschweiß!
und keine Faust, die mir das Maul zuschwemmt!
keinen verdünnten Rotz, den Dreck von Träneneis!
kein angstzerfurztes Totenhemd!

Habt ihr den toten Christus nicht gesehn!
wie er mit kalten Maden auswattiert,
schräg abgequetscht, mit dem Gesicht zur Hölle
in dem Idiotenstuhl der Grube wippt!!
sein eingefrornes Nylonauge kippt
wie fauler Kaviar aus dem zerrissnen Schlauch
von einem explodierten Modderfisch,
der Talg im Jauchelappen seiner Haare
schwappt wie ein Wachstuch über einen Tisch
und konserviert die Pilze auf der Bahre –
durch seine Ohren suppt der Eiterschwamm
ranziges Schmalz aus dem bepißten Herzen,
und die geronnene Scheiße seiner Schmerzen
bäumt ihm die Stirne wie ein Hahnenkamm –
der Papageienzunge graugestreiftes Fleisch
platzt auf das Glas von Raupen um den Mund,
aus seinem Rückenmark blüht ein Gekreisch
von Würmerpudding über seinen Hintern
und brät sein Glied im Läuseteppich wund –
wie rosa Stummel schielt der amputierte Arm
von seinem Bart, wie Hämorrhoidentrauben,
und aus der Blutwurst seiner Nase schrauben
Geschwüre kreisend wie auf schorfen Teichen
und rasen wie ein grüner Fliegenschwarm,
wie Ratten um den Arsch von Wasserleichen –

die schwarzen Nadeln seiner Poren glotzen
nach innen wie verweste Eier stinken,
über die Borke seines Nabels hinken
Pestkäfer und fangen schwindelnd an zu kotzen!!!

Und auf der Grube zugeschwollnem Auge
bleibt ein verstörter Gott beleidigt stehn —
wie Durchfall rauscht der eingedickte Glaube
mir aus dem Darm, der das mitangesehn.


Ich will von Qual und Wanzen mich befrein!
Bunt eingerissen wie ein Wetterstrahl!
Fieberzertrümmert messerheiß und kahl
Im Sterben mit den Sonnenblumen schrein!

Ich will mein Herz vom Mond herunterreissen,
das wie ein Krankenhemd auf seinem Hintern spannt,
und in den Unterleib der Sonne greifen
bis mir die Blumen in die Augen krallen
wenn sie in Krämpfen aneinanderprallen
und dann erblinden wenn sie rasend sind
von der Tarantel ausgespritzter Sonne,
wenn rosa Winde ihre Köpfe heizen —

Ich will in Länder mit gestreiften Bäumen,
wo schwarze Sonnenblumen über Wege schäumen —
und in den Fieberschweiß der Tiger stinken
und einer Negerin den Bauch austrinken.

**FIEBER**

So stell ich mir das Jenseits der Toten vor:
Karbol, Eis und Scheiße.

Die Menschen kriegen nicht einmal Fieber
Wenn sie ihre eigene Pisse saufen.

Ich habe das Fieber der ganzen Welt in den Augen —
Und wie der Eiterstrahl der Syphilis
beißt sich das schwarze Fieber nackt und sterbend
in den geschwollnen blanken Beeren meines Herzens fest.

Ich verbrenne an meinem Fieberschaum
und mein Maul ist von Leidenschaft zerfetzt
wie der Unterleib eines verfolgten Tieres.
Ich bin ein Neugeborener mit Asche an den Hüften —
meine Mutter hat mich an der Nabelschnur
hochgeschleudert wie einen Hammer
und mitten in den aufgekratzten Arsch der Sonne!

Ich gehe aufrecht wie die jüngste Mutter und tobe
schreiend durch die Asche bis zum Maul und meine Augen
saufen von der Wut, die durch die abgesackten Himmel
schießt — Licht Licht! ich fresse schwarze Flammen!
ich scheiße auf eure Gesetze! in mir ist alles schwarz
von Sonne! sie spritzt ihre rasenden Kerne in den
schäumenden Wald meines Körpers! mein Blut brüht wie
irrsinnige Hechte durch die Abflußrohre meiner Seele!

Ich bin ein Mutterkuchen!

Ich will mich lieber von einer Tigermutter zerreißen
lassen,   daß ich in ihren Hüften weiterschwinge! Dynamo! Dynamo!

Meine Haut ist mir zu eng – die Tränen explodieren unter
meiner Haut – ich bin wie ein Frosch in einem Glas und das
Licht knallt mir auf den Kopf und ich werde immer wieder
zurückgeschleudert von meinem Blick –

Sonne – Sonne – sie hat mir auf die weiche Stelle meines
Gehirns gespuckt – Strahlen Strahlen – schwarze drohend braune –
über mir – unter mir – in mich hinein wie in die schreiende
Brust einer Frau – in mein Eiterherz wie ein Kris –

Rasende Feuerkugel in mir –
Sonnen wie gefangene große Vögel
und fressen den Schrei in mich hinein
und baden ihre brüllenden Schwingen in meiner
wunden Seele – weiter weiter weiter weiter weiter!
Ich lasse die Sonne nicht mehr los, die mein Mädchenblut
gesoffen hat – und Asche Asche Asche.

Sie holen mich zum Morden –
ich bin ganz fleckig –
ich kann nicht mehr sehn, ob es Blumen gibt –
der Himmel ist in Streifen geschnitten
und einer soll gehängt werden ——

Komm! amoktoller Mohn!
Komm! lustbesautes Bett!
Ich bin Dein letzter fortgepeitschter Sohn!
Komm! beiß mir in den Mund!
Komm! wildes Farbentrinken!
Komm! fiebre mich gesund!
Komm! Bauch und Frauenwut!
Ich seh auf Deinen scharfgeschliffnen Brüsten
den blutgeflammten Schaum des Himmels winken!
Komm! laß uns schnell zusammenrasen
Blut in Blut!!

**FARBENFIEBER**

Verdurstend wie ein Engel in der Wüste
hab ich die Krampfader der Welt zerbissen
und soff das Wunder – und ich grüßte
den tollen Gott, der mein Gehirn zerrissen!!

: stechendes Rosa krallt sich in sein Gelb,
rasendes Gelb! Gelb! ausgefleischtes Gelb
und stürzt zusammen unter Scharlachtränen,
durchlöchert mir das Bleirohr meiner Venen
und bürstest mir den Fraß von meiner Haut!
beilscharfes Karmensin hagelt die Braut
von Blau, ein steilgepfiffnes Blühn in seine Kette,
juckt sich im Schweiß smaragder Violette
in Strahlenloten bis ins trockne Maul
von Braun, wird durch den Darm gespritzt
und fegt den Feuerschweif über den Zaun
von Grau – läßt Aschenspur zurück –
bis ihm der fiebernde Alexandrit
wie ein geköpfter Hahn im Nacken sitzt!
zerfetzt den Lack und massakriert das Jod!
Blut flackert auf und spritzt die Sterne rot!!
zerfleischtes Lila, Ocker, überschwemmtes Chrom,

blau angestrengt und übernächtigt: Weiß!!!
mähendes Aluminium, froher Sonnenschaum!
jetzt stürzen Veilchenflammen strömend heiß
wie Selbstmord auf den ausgepeitschten Baum
ihrer gelösten Glieder,
direkt von einem pyramidenhaften Dom
aus jungen Blitzen, die aus kurzem Traum
durch ihre aufgeschreckten Hände flitzen!
hungerndes Khaki und getrommeltes Orange!
brüllende Federblumen ruheloser Leime!
hellblau getöntes Weinrot, steiles Lächeln
von Schwarz-zitron-zinnober fächeln
den Nervendraht von blutgiftigem Grün!
stoßen durch schiefes Eis von Terpentin
ins kalte Rohr: Aquamarin!
und saufen feuerpissend sein Benzin
und schreien auf und sind schon anderswo ——

Irrsinnig beißt ein rasender Komet
der Sonne in das aufgeschwollne Fell —
und brennend abgewürgt und pockenschnell
strafft sich der Himmel, der sich heiser dreht ——

in Hello
pockenkr
Maul de
schweiss
Adern e

# NEHMT MEINEN KUSS

Nehmt meinen Kuß! den Blutschaum vom Gewitter,
der durch die Erde pflügt wenn rotes Lachen schreit –
der schwarze Fieberschatten, wie ein Fell im Silberkorn,
im Mutterbauch der Rosen – wenn sie bitter
das Salz der Schwangerschmerzen auf der Zunge lecken,
wenn sie von Tränenwurzeln zugebleit
das kochendheiße Herz durch ihre Binde bluten –
den Dorn, das wunde Qualenhorn,
das in die faltenmüde Welt weint wie ein Kind,
schweißabgewaschen und zu warm, und wieder blind
wird von dem Zorn
des ersten Tages, den es aufgeweckt –
seht! das bin ich!!
Ich bin das Mördereisen meiner eigenen Seele:
zehnfache Hydra – Pfeilgesträuch –
so wachs ich aus dem faulenden Geräusch
von einem Kraterherzen, das zertrümmert
von grauen Blitzen grüngefleckten Neids
einer Mänadenmumie, die ich reize –
wenn ich mich blumengrell, vergessen allen Leids
von neuem in den Nerv der Sonne spreize –


Im Schüttelfrost liegt irgendwo in einem Busch
mein Puls, noch klebend an dem Hacken meiner Henker,
den er zerbiß, als sie wie ein zerrissenes Stilett
mein Blutstrahl traf –
wenn ich durch fliederfarbne Seidenwolken
auf rosaweichen Tagessternen schlaf,
und dann wie Bacchus ihren Saft gemolken
und weiterraste in ihr Feuerbett –
dann griff die Klaue eurer Dirnenmutter
nach mir, weil sie kein Futter
mehr nahm, weil sie den Atemzug mit Aas verwirkte,
weil sie mit ihrem lasterhaften Gram
die Kinderspiele ihrer Brüste haßte,
die jetzt wie abgeknüpfte Leichen hängen –
weil ich Hyperions Tochter in den Nabel faßte ...

Ich bin der Morgen!  Ich bin Helios!
ich bin der ausgehetzte pockenkranke Faun,
der seine Flammen nur im Maul des Himmels stillt,
der wie ein steuerloses schweißzerkautes Floß
durch die zuenggewordnen Adern schwillt
und niemand anderem mehr vertrauen kann
als dem Gebiß zerstrahlter Luft —

Ich bin das blaue Fiebertier der Erde!
ich brenne, flache Flammen, jedermann
das Zeichen in die aufgeschnittne Kerbe!
ich bin Alarmsignal, Boje und Sturm!
ich bin der Wurm, der in den Brüsten wohnt!
ich fall als Kot zurück und senge in den Sand!
ich bin der Turm der glühendheißen Bäume!
ich bin ihr Pilz! ich räume
sie wieder ab, und schaufle mit der blasenschweren Hand
die schwefelgelben Früchte in ein Grab!
ich bin ihr Keim, ich bin ihr Schleim!
wenn meiner abgestürzten Knochen Leim
sich in der Lauge meiner Wut zerlöste!
ich bin die Erdbeerhaut der Venus,
die selbst ein Gott für sich entblößte!
ich bin der Aussatz auf dem Apfelzweig!
ich bin der Mund der Kupferblüten!
ich bin der Traumvulkane greller Teig!
ich bin das Perlenkraut auf jedem Mädchenschlaf!
ich bin noch wilder als ein Totenschiff!
ich bin das giftiggiere Riff,
an dem es Amen schreit!
ich bin so nah wie Licht um Mitternacht
und auch so weit!
ach!  ich bin Tantalus für euch,
den alle Sünde traf —
die ihr wie einen Eimer Müll entleert!
ich hab mich nie beschwert über die Beulen,
ich hab mich immer wieder aufgerafft —
aber ich möchte tausend Jahre heulen
über die Augen aller Sonnenblumen,
die ihr mit Chlor vergast!!!!

Ihr aber schlagt mir auf die Knospen meiner Augen!
voran! schnell! vorwärts! ihr habt soviel Mut!

es schreit die Syphilis auf meiner Haut!
ihr habt mich angespien und vollgesaut!

Stoßt mich und prügelt mir die Hände
und pißt mir in den Unterleib der Seele!
und jaucht mir in die helle Sängerkehle!
ich fürchte mich nicht vor dem Ende!

Ich fraß die kalte Muttermilch der Not —
Christus war meine Mutter —
wie das Perlmutt von einem Kinderball
trank ich die Beule angefaulter Qualen —
dann fiel ich auf das flitzende Kristall —
von Kot und Elektronenschweiß zermahlen —

Ich sah wie Mütter sich um Revolver rissen —
ich bin in wildem Blumenblut ersoffen —
siechende Engel suppten Lack auf meine Stirn —
die aufgerissnen Eier meiner Seele
spritzten wie Durchfall über nacktes Friedhofslaub
den schnellen Frauenkrebs in mein Gehirn ——

Ich stoß die Blatter von den Christusfratzen,
weil mir die Krätze tief im Herzen juckt —
bis Feuersaft aus seinen Beinen zuckt
und mir die Flügel wie Papier zerplatzen!

Ich wurde immer wieder wachgemacht
mit einem Eimer voller Fieberschaum —
bis ich dann wie ein durchgesägter Baum
unter der Axt des Wahnsinns eingekracht! —

Ich war mit irrer Hoffnung angefüllt
wie die Koralle junger Mädchenbrüste —
ich war so gläubig wie ein Opfertier,
das seine geilgemachten Mörder küßte —

Kommt! schlagt mir meine Blutgefäße tot!
Was nützt mir noch der Menschen fauler Trick ...
Mein Herz schreit wie ein ungeborenes Gesicht
Gegen die schweren Hoden meiner Not!
Was übrigbleibt ist ein verqualmter Blick ——

# WEIHNACHTEN

»das Fest des Friedens«

Riecht ihr den Eiter der gequälten Lumpen!
fühlt ihr den Fleischerhaken an der Kehle!
hört ihr den giftgen Brummer eurer Seele
herunterschießen auf den wunden Klumpen!
seht ihr die Huren der Idiotenhäuser weinen!
den schwarzen Biß zwischen den Mädchenbeinen!
er frißt den Mutterbusch wie eine Glatze kahl!
seht ihr den vollgepißten Galgenpfahl!
in jeder Stunde wird ein Mensch gehißt!!
die Frau preßt die Zitronen ihrer Brüste aus,
damit er auf die letzte Ölung pfeifen kann,
und reicht ihm ihren wilden Frauenschwamm —
aus seiner Leiche sah ich wilde Kressen
aufschießen und den Himmel blutig schlagen ——

Ihr habt den Huren in den Arsch getreten!
Ihr habt den Bettlern in den Arsch getreten!
Ihr habt den Kindern ins Genick geschossen!
Ihr habt den Negern ins Genick geschossen!!
warum habt Ihr den alten Hund gepeitscht!!!
gepeitscht gepeitscht gepeitscht gepeitscht gepeitscht!
warum habt Ihr die Vögel eingesperrt!!

warum habt Ihr den Tiger in den Zoo gezerrt!!
warum habt Ihr die Katzenbrut ersoffen!!
Herr Jesus ! du mußt mal zur Ader lassen!
Ich glaube, du mußt kotzen!!!!!

Würde, Eau de Cologne, Bibel und Furz,
der Ritus blöder Fahnen, Tradition,
Lehrergeunke, fromme Sprüche, Gott,
ein Parlament von Mitleid, Hinterweisheit,
ich scheiße auf der Hostien faulen Trott!
die Reue eingehäkelt wie in Kaffeewärmer,
die Pubertätsgedichte pickeliger Schwärmer:
ein Wochenendtheater von Verbrechen!!
Christus! wann wirst du endlich nicht zu feige sein,
dich an dem Wasserkopf der Welt zu rächen!!!!!!!!
wann schlägst du ihnen endlich mit dem Kreuz
eins über ihren eingebeulten Bregen!!!!!!!!!!!!!!

Was soll mir alles
der verjauchte Hafen
laßt mich doch allein!
ich kann mich nicht mit eurer Fratze freun!
ich kann seit Jahren nicht mehr schlafen!
ich kann nur weiterweinend in die Hände schrein.

Von Blasenmaul der Sonne wundgemolken
im schwarzen Schimmer irrsinniger Wolken
wie auf dem Sprunggefieder eines Wasserstrahls
und dünne rote Striemen um den Hals
und flockig wie nervöse Blumenfelder
im Gegenschein, so wie zerstrahlte Wälder
und bebend wie auf überfüllter Waage
und strömend schweigend wie gekochter Teer –
und gegenüber lehnt ein blinder Mann
und hält die Angst auf seinen Fieberkressen
wie eine Natter hoch –
da stolpert bunt und von der Luft besessen
ein Kinderbein und hebt sich ab vom Boden,
und hinter seinem Rücken vorgeschoben:
ein flatterndes Stück Fleisch –
und hörte nicht den messerscharfen Knall
von dem Geschwür, das ihm im Rücken hockte
und suchte nur nach dem verlornen Ball
und merkte nicht, wie einem blinden Mann
der Atem stockte ————————

Atemlos mit Salvasan getötet –
wie der Schrei in einem Stein –
und an mein Gehirn gelötet –
wilde Frauen ohne Namen,
aufgekeilt auf einen Rahmen
für ein geiles Schwein:

In die fetten Lederwände
ihrer eingravierten Krätze
beißen große Frauenhände –
auf das Leichenchlor der Betten
rast die Blumenwut wie Ätze –
und ein eiterweicher Strolch
duckt sich wie die Syphilis –

vor der zugeschlagnen Tür,
wie ein vollgepißter Pfahl,
hämmert sie wie ein Geschwür –

In die gichte Erde schrein
Ihre braunen Fieberwurzeln,
steil vom Auswurf zugeschneit –
für die Welt ist sie ein Schwein!
aber wenn ich auf ihr kniete
und mir meinen Mund verbrühte
an dem tobenden Geruch,
fühlte ich wie einen Fluch
wie der Bauch sich hebt ...
für das ausgekratzte Leben
Watte vorgeklebt –

Steil vom Auswurf zugeschneit
denkt sie an Geburt –
spreizt die Beine sterbend breit
wenn der Tod sie hurt.

# DIE NÄCHSTE MESSE

Ich kann bei einem süßen Kind nicht sehn,
wenn Gott ihr schon die Feigen vorher klaut –
wenn über ihr ein geiler Pfaffe steht,
der in der Hitze ohne Hosen geht –
darüber klebt das blinde Moos
an seinem grünen Fleisch und kichert
blitzschnell dem Kind in zuckendem Gebet
um ihren durchgeweichten Rock,
die auf der messerscharfen Pritsche kniet,
breitbeinig wie auf einem Bock
und fühlt dabei, wie ihr der Schenkel sprüht
von einem Perlenschauer toter Haut,
der sie erstickt und nirgends weiterglüht –
dann spritzt das rote Blut in seine Fresse
und heizt den Kitzel für die nächste Messe!

Weil dieser Salm von Rom und Onanie
den wilden Körper schon vergiftet hat,
als sich von außen wie das Blei von Krätze
versaute Nonnenhände auf die Poren legen,
und weil die umgetauschten Herrn am Kreuz
sich mit dem Saft den morschen Körper pflegen!

Da steht sie auf und taumelt lippenschnell
und sehnt sich nach dem braunen Kerl von drüben
und brennt die Beine vor wie ein Duell –
auf ihren Beinen tobt das Mutterfeuer,
und Christus bläht sich wie ein Ungeheuer ...

Ich hab den Mädchen in die Brust gebissen,
wie bunte Tiere frische Feigen fressen,
bis ich von ihrem Sonnenbrand zerrissen
in ihre Krater stürzte wie ein Gott besessen –

Ich wählte nicht nach Jahreszahl und Haaren,
ich trank sie mit dem Atemzug der Lunge,
ich schmeckte schon wie Lauge auf der Zunge
ihr Kommen, wenn sie in die Nächte fahren –

Ich nahm den Körper nach der Wut von Schweiß,
mich scherte einen Dreck, ob sie sich pflegten –
ich sah nur wie sie ihren Schoß erregten
und schnelle Flammen spuckten, weiß und heiß –

Ich hatte kein geordnetes Revier –
sie hetzten mich wie eine Pockenpest –
ein Fetzenhaufen war mein kurzes Nest –
dann stand ich fiebernd da wie ein verirrtes Tier.

Mich trommelte die Sehnsucht heller Früchte,
die niederstürzend in die Erde beißen!
ich wollte meinen eigenen Tod zerreißen
in der Umarmung ungestillter Süchte.

Mich stach die Viper aus Marias Narben
todbringender als das Magnesium aller Himmel –
ich wurde für den Augenblick gesund,
wenn mir in meinen fieberscharfen Mund
die braunen Blumen ihrer Brüste starben.

Sie sind mir Gott und Licht und Bett der Not,
wenn Wahnsinnspocken mir das Herz zermahlen –
sie sind die Glaubenskurve meiner Qualen
und meine Mutter und der Kanten Brot! –

**JAZZ**

Ein Mädchen rast in einen Hausflur – ich presse mein Gesicht
gegen die Türscheibe – sie ist ganz blank wie hohes Fieber –
sie bückt sich wie in einem Krampf – die Strümpfe und die Kleider
reißen laut – im Brustmund kocht die Milch:
da kommt ein dünnes Kind ins Haus gelaufen – zersplittert
hastig mit dem Fuß die Tür (ich habe lauter Brandblasen
auf der Haut) – es zerrt eine Jazztrompete zwischen den
Beinen hervor, preßt sie noch einmal gegen seinen heißen
Leib, schwenkt sie laut schreiend durch die Luft
und bläst . . . . ! . . . . ! . . . . ! . . . . ! . . . . ! . . . . !

Auf der Straße und in ihren stinkenden Löchern rennen
die Menschen atemlos durcheinander und stürzen in
die Epilepsie!!!!!!!!!!!!!!!!!!!!!!!!!!!!!!!!!!!!!!!!!!!!!!

Die größte Farbenschlacht!
jeder Ton ist wie geballter Blütenstaub!
Befruchtung! Befruchtung!
rosa Erde! violetter Himmel! Scharlach!
radikaler als die gesamte Elektrizität!

ins Klosett mit der »Psychoanalyse« – »Psychotherapie«!!!

Jazz!
Ein Manifest der Überlebenden!
der Irrsinn wird kurz und klein gedroschen!
Zukunft der Farben! rote Zitronen! blaue Blutblase schwarzer
Orangen!
die einzige Krankheit ist das Fieber!
Revolution!
Amoklauf der Trompeten!
Überschwemmung!
blutüberströmtes Blech!
ein zerbissenes Herz!
Lungenriß!

Jazz! Jazz
Unsterblichkeit der Nerven!!

was übrigbleibt ist eine große verkohlte Kluft zwischen
den Beinen ————————————————

Luft:

! . .

echern re

erzen in

!!!!!!!!!!

# DIE SCHWANGEREN FRAUEN

### I

Aus Rotz von irgendeinem Lümmel biegen
sie kochende Gebete in den Himmel –
aus der Umarmung kaltgewordnem Schimmel
robben sie vorwärts wie gequälte Fliegen –

### II

Auf ihrer Bäuche volle Violinen
Spannen sich der Hoffnung Muschelsaiten,
und in virtuosem Ton begleiten
sie im Moll rumpfloser Fledermäuse
luftgepumpte Leichen zur Bastion.

### III

Mit ihrer Brüste schweren Feigenkette
in sumpfdurchzogne Schächte eingeschlauft
hatte der Blutgott sie mit Durst getauft –
kristallgewaschen für die Sammelstätte.

### IV

Die scharfe Landschaft, die sie wach durchschneiden
ist wie ein Heer gespritzter Fliederfarben –
Sonnenplantagen wie ein Phosphormeer –
Und sprungreif eingebündelt in versengte Garben,
Alexandritenaugen wie gepeitschter Teer.

### V

Und einmal nur, wie ausgeglühte Schalen
greifen sie nach den hinkenden Visionen,
und wollen leise ihren Körper schonen
und lüften sich die Riemen der Sandalen.

VI

Doch als sie mit der feuerfeuchten Hand
traumschäumend eine Blüte angefaßt,
da hatte Gott nur wieder mal gespaßt –
und wächsern dehnte sich gekochter Sand –

VII

So treffen sie von allen Seiten ein,
wie losgelassner Blick vor einem Sterben –
wie von der Mittagssonne heißgefahrne Scherben
fallen sie hustend auf den trocknen Stein.

VIII

Ein Haufe perlend ungestochner Leichen,
vibrierend wie ein frischgeschlagener Bregen –
und warten doch auf irgendeinen Regen,
mit prallem Mund in ausgedorrten Teichen.

IX

Und in der Fieberkurve ihrer wüsten Qualen
bäumt sich die Erde unter ihren Strahlen –
im Sterben bleiben sie noch aufrecht stehn –
und duckend unter ihrem heißen Föhn
weinte ein Gott, der das mitangesehn! ——————

Ich stach im Schimmelschilf bis übers Knie
im bleichen Rückenmark von einem Kloster,
wo stumpfe Sonnen um die Ecke faulen
und durchgebrochne Waisenkinder maulen –
am Kot der grauen leberkranken Schweine
die Hornhaut kahlgefressner Hostien klebt –
wie Warzennarben alter Hurenbeine ――――

Und aus dem trocknen Blätterteig der Wand
reicht mir ein Kind die amputierte Hand –
hypnotisierend wie Latrinenkäfer
hat es sich in mein Nasenloch gerannt
und zerrte mich an einer Gummischnur
von einem fettig kalten Rosenkranz,
der wie ein wundgenagter Rattenschwanz
dem Kinderhintern aus dem Steißloch fuhr,
drei Stockwerk tief in eine Leichenkammer –
so hing ich wie ein abgesoffner Kutter
in Madenbergen vor der Nonnenmutter –
in zwanzig zugeschraubten Löchern dröhnte
ein Schwesternhaufe unter ihrem Hammer –

Die löste sich wie Schorf aus einem Sumpf –
der wie ein zugestopfter Strumpf
die blanke Beule Roms mit Müll bepißt –
die wie gebohrtes Öl aus einer Quelle
in einem scharfen Eiterstrahl
ins staunend offne Maul des Himmels schießt –

Ich bog mich vor dem schwülen Draht zurück
wie Kinder träumend steife Hitze schnein –
weil mir die Haut wie Dorn nach innen trat ――――
der Mohn, den sie aus Christi Euter melken,
streckte mich hin, wie schwarze Astern welken ――――

Sie warnte mich mit Knoblauchduft und Zorn
und kuppelte die zehn Gebote,
rief eine Nonne, die sich wie ein Sporn
hinter mich saugte mit dem gleichen Zorn
und sich benahm wie eine Tote –

Sie führte mich in eine enge Zelle,
ich fieberte wie Blumeneis am Fenster
und pfiff die dämlichen Gespenster
mit Nasenrotz gegen die Wand zurück –
und wie ein teergeschmierter Galgenstrick
schraubt sich um mich der Ohnmacht starre Welle ...

Die Nonne kam aber noch einmal wieder
mit einem geckenhaften Kreuz aus Gips
und schikanierte meinen abgesackten Grips
und quälte meine beerenheißen Glieder –

Dann kam sie noch einmal und kniete
auf ihren Warzenhänden steil an meinem Kopf –
und wie ein hastig aufgelöster Zopf
streifte mich ihre Brust als sie sich überbeugte –
als wenn sie Christus an den Wunden säugte –
verlor einen Geruch, der mich verbrühte ...

Und durch den Panzer ihrer schweren Kluft
saute der schwarze Stachel ihrer Brüste
auf meine Hand ... als wenn sie es nicht wüßte
erstarrte sie und blähte sich wie Lack
und glotzt mich an wie einen geilen Schuft ———

Sie fieberte auf mir wie eine Traube –
ihr Gott tropfte von ihrer Haut wie Schimmel –
dann griff ich ihr direkt in ihren Himmel
und biß in ihren Mund wie eine Schraube! –

Da bog die Tür sich wie zwei weiche Lippen
zurück – der Wände ausgehärmtes Bibelgrün
begann ganz leise von der Luft zu nippen,
der Pilzschwamm fing wie Lunte an zu blühn:

die Mauern rissen wie das Fleisch von Kirschen –
(Jahrtausende hatten sie Blut gesogen)
die krausen Bäume konnten bis ins Zimmer wippen

und ließen sich in Paaren überkippen
und rissen auf und ließen ihren Rogen
auf dem hysterisch hellen Strahlenplatz zurück —
in einem Chor von jugendlichen Flammen
stürzten die Blumen sich in einer breiten Front
durch porenlosen Mörtel wie geschliffne Nägel
und laugten sich in unsre Haut wie Egel
und brüllten nach dem zweiten Sohn von Gott:
noch einen Christus sollte sie gebären!
doch diesesmal ein Tier mit Blumenhaut!
ein Tier das Sonne säuft und Sterne kaut!
ein Tier, das eine nackte Braut
von immer jedem nächsten morgen ist!
ein Tier, das liebt und küßt!!

Sie knotete die Arme um mein Blut —
ihr Atem strömte wie gekochte Öle —
und glitzernd drosselte um ihre Kehle
der Ritus einer eingepaukten Wut ——


Wir zerrten und zerbrachen uns die Nägel
an dem fanatisch zugeschweißten Plunder,
der gasig schwelend wie ein nasser Zunder
sich überschlug wie steifgepeitschte Segel —
und unter einem eiterdicken Schaum
brach sie zusammen wie ein wunder Baum ——

Da kratzte ich das Kreuz von seinem Platz,
zerschlug den Christus, der wie Sabberlatz
von der zerbeulten Brust der Balken roch —
nahm einen Splitter mit und kroch
zu ihr und schnitt ihr die gemeinen Kleider auf
und trug sie nackt in schreiendem Gewimmer
Blut spuckend durch das fensterlose Zimmer —
Mein schönes totes Weib ——————————

**HURENHÄNDE**

Die Hurenhände zeigten mir das Feuer.
sie brannten meinen Mund zwischen den Beinen
wie eine Lunte zwischen Feuersteinen –
die Hurenhände spucken weißes Feuer.

Die Hurenhände säugten mich mit Blut.
ihr kennt ja nur die vollgesauten Herzen
und sitzt mit eurem Arsch auf meinen Schmerzen –
die Hurenhände sind so heiß im Blut.

Die Hurenhände gaben mir den Kuß.
sie schrubbten mich für ihre Nächte rein –
für euch bin ich bestimmt das größte Schwein –
die Hurenhände peitschten meinen Kuß.

Jetzt bin ich frei!  mich jagen die Verbrechen!
Die Mörder phantasieren mein Gesicht!
rasender Wahnsinn schleudert sein Gewicht
in meinen Schoß, die Leiden abzuschwächen!!

Das sind ein
langgespülte
Hände

**FLIEDERBRÜSTE**

Der rote Schweiß der Fliederbrüste macht mich wild!
phosphorgeschwollne dreizehnjährge Herzen!
sie brüllen Licht und lecken mir die Schmerzen
wie Regen wäscht den Plunder meiner Trauer!!

Ich fetze hoch, versengend springe
ich auf der Zweige irrgewordne Zahlen!
ihr Schulterblatt rast bis in meinen Mund:
ich singe ——————————————
fiebernd wie Schlangen bäumen Sonnenstrahlen
den heißen Blutschaum leckend um das Bild,
die mir den Mohn in meinem Hirn zermahlen!
die schwarzen Fliederbrüste machen mich so wild!!!

Wie ein Furunkel pestet sich mein Schrei
durch grünen Schnee von starren Phosphornarben –
die Fieberwut zermalmt mir das Gehirn –
der grelle Eisenring um Herz und Stirn
zerknittert mich wie aufgeweichtes Blei!!

Ich liege tagelange Nächte wund
unter dem Steinschlag schmerzverzerrter Bilder
wie schneller Knochenfraß im Kastenbett –
und mein gerissnes Blut zerhagelt immer wilder
meinen vom Tode durchgesessnen Mund!!

Ich kralle mich mit eingebeulten Augen
in eine jodgestreifte harte Luft
und jaule auf wie unter faulen Zähnen
und schlage Christus in das sture Maul –
Christus! vergib mir, wie du Saul
Vergeben hast mit rotverbrühten Tränen!!!

Ich bin kein Mensch!  ich bin ein Wetterkuß!!
mir nützt kein Gott, der Opiumpillen rollt –
farbenzerschnitten von zehntausend Volt
ersäuft mir das verdammte Maul im Russ!!!!

Wenn sich die Augen bäumen schwer im Fieberblick,
dann trommeln mich elektrisch heftigschnell
hüpfende Sonnen epileptisch hell
zurück und beißen mir hysterisch ins Genick!!

**IM STERBEN BIN ICH TEUER**

I

Bin ich gestorben oder nicht!
der Tod sitzt furzend auf dem Topf –
sein Maul und Afterloch bläst seuchefleckiges Gelee
auf meiner Felder weißgebranntes Klee –

II

O du Gestank von Gott und Heilgenschein
von greiser Geilheit wie bei alten Bullen!
du stehst wie altes Eis auf meinen Augen
und säufst mein Blut!!
was du in fettes Fleisch gebrannt hast nennst du gut!
in dem Jahrhundert bleibe ich allein!! –

III

Auf mein Gesicht perlt heißer Tau
der Schwangerschaft wie Teer
der nächsten Frucht – ich lebe schwer –
wie eine Frau vor der Geburt –
im Sterben bin ich teuer!!
und wenn ich lebe, bin ich nur gehurt –
du bist aber ein Ungeheuer!!!

IV

Ich pfeife auf die vollgeschißnen Kutten!
ich trete dir in den vergilbten Leib!
ich brauch zum Sterben keinen Zeitvertreib!
nicht alle, die du schwängerst werden Nutten!!!

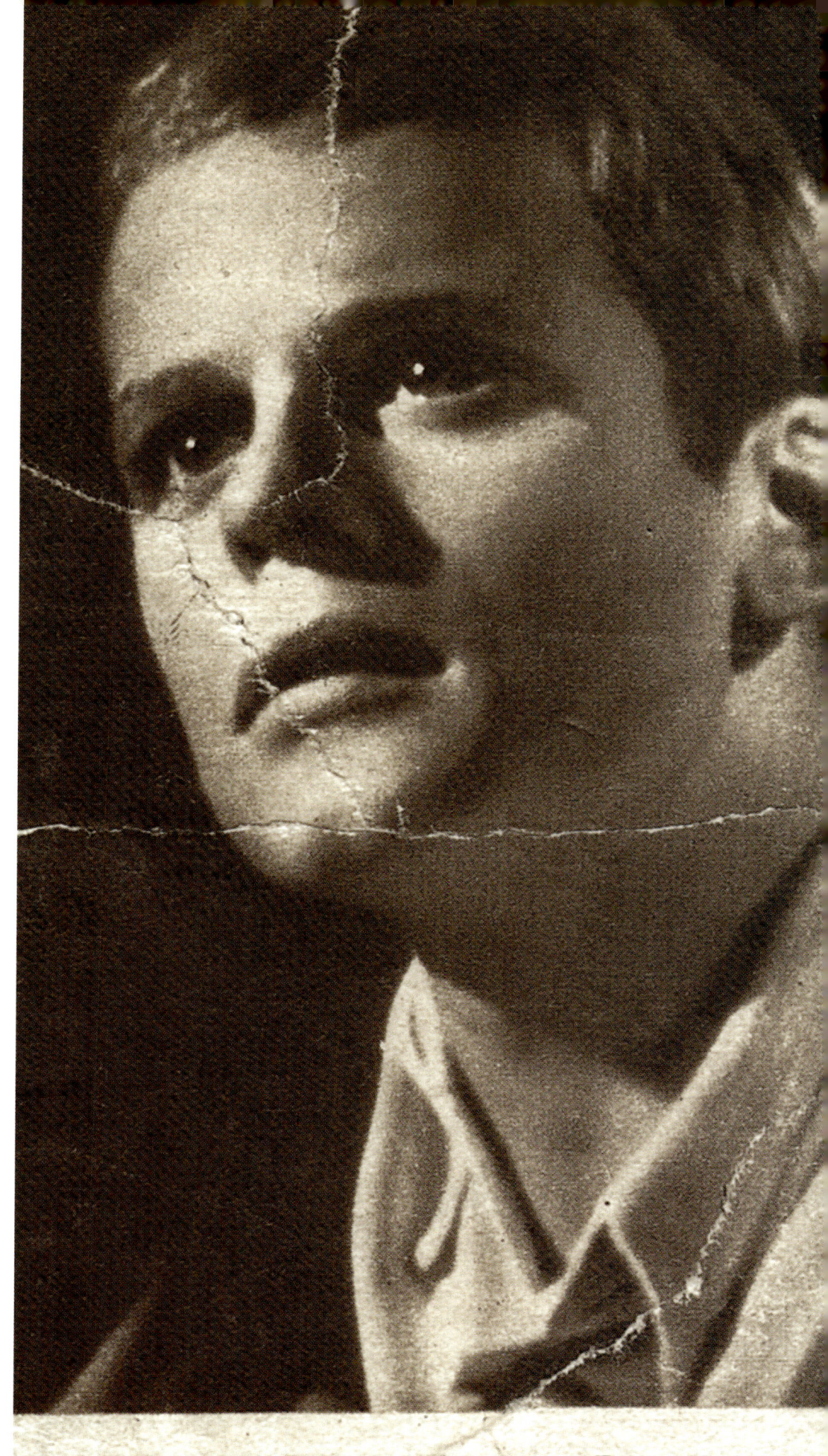

**Die menschliche Stimme.** Ein Telefon
alternde Frau versucht vergeblich, ihren
erdrosselt sie sich mit der Telefonschnur.

**DER MÄHER**

Irrsinnig weit vornübergebeugt hängt er in einem brüllen-
den Kornkessel – die Frucht ist so erregt wie entzündetes
Fleisch, knotet sich aus dem singenden hellgrünen Maul der
Sonne herab und tobt wie Widerhaken durch den Arm des
Schnitters – und als er die Sichel durchziehen will, schmilzt
der zerglühte Draht der Halme zu einem einzigen Körper
zusammen, so bunt wie eine reife Frau, und das Blut der
Welt schreit – und die Haut der Erde ist wie ein Trommelfell
gespannt und das Fieber trommelt seine geschwollenen
Fäuste durch die Poren – sie kneifen sich um die Hüften des
Mähers hoch und quetschen seine Nieren wie in einer
Schere – vor seinen Augen wirbeln violette und rosa Sonnen
und kurven in seinen Kopf und saugen den Bregen an –
kupferflüssiger Mohn bebt wie frisch ausgerissene Herzen
und die Asche der Kornblumen wartet in ihren weißglühen-
den Zähnen, und der braune dampfende Himmel stürzt sich
wie eine Brause herab und verbrüht die Stunde –
die Toten schlagen die pockige Decke ihrer Gräber zurück
und haben blauen Sand im Mund, weil sie immer noch nicht
Sand geworden sind! – und die Bäume schreiben Gott die
Antwort auf die Stirn und ihre verkohlten Krallen ballen sich
zur Faust – die Wege sind wie rasende Pickel und eine
Metallglocke sinkt riechend und flach auf das tobende
Leben, und das Korn peitscht den Himmel wund und fegt den
Schaum von seinem Mund –
und der Mäher hetzt nach Hause ...! er rennt und bricht in
die Knie wie reißender Ausschlag vor dem wütenden
Heiligtum – eine Sense hockt in der striemigen Luft –
und Christus lächelt im Eiter –

# GENIALES FIEBER

Ich quäle mich an den Bettpfosten hoch – sie sind ganz verwaschen von
meinem kochenden Blut – ich bin so dünn und schwach geworden –
manchmal flammt eine Landschaft auf meinen Wangen auf – ich zerreiße
das Fenster und das Fleckfieber dröhnt in die Nacht und das Emaille
spritzt in meine Augen – ich habe meine Tränen so wund geschlagen an
den Ärschen der Wände – jetzt sprudelt mir kalte Salbe übers Gesicht –
- die Straße ist wie ein Mund vor der Umarmung, so matt wie ein
heizendes Schiff – ich tauche ein Stück durch die Glut – in den Kronen der Bäume
tauche ich auf, in ihren heißen Opferschalen schäumen die orangenen
Flammen der Liebenden – ich hab sie gesehn, weil ich den Tod so oft
begleitet habe – die lila Pflaster geben nach wie gärende Hefe und
schnellen mich ab – das Cafe – ! es hockt wie eine Hure auf dem Trottoir,
wenn sie das Gleichgewicht verliert weil sie die Beine spreizt – geniales
Fieber!!! alles steht strahlenförmig in seinem brühenden Beerenbusch: die
Milchstraßen hängen drohend aus dem Himmel wie die Blumenbrüste
frischer Wöchnerinnen – der Boden vor den Flanken der aufgetretnen
Wände zur Straße hin ist eng und springend wie Acker – die Flecke der Menschen
sind stumm und schreien im Kanon der Farben – die Ampel an der roten
Balustrade ist fiebrig von dem rosa-braunen Licht, das sich durch die
geschmolzenen Scheiben bauscht – grün-violetter Fliedergeruch striemt
über die Rahmen des Eingangs – die scharlachen Schwänze der Häuser
morden den Tod in den Himmel, wie sterbende Hornissen, und der Himmel
schlürft alles in sein giftiges Gehirn – dahinter häutet sich die Sonne,
wie die Seide reißt auf dem glühenden Bauch einer Frau - - - da sackt
die Blutblase von einem Stern auf meinen Kopf und ich bin blind - - - - - -
ich wäre so gern gestorben, denn der Platz hat sein Gesicht verändert wie
immer - - - - - - - - - - - - - - - - - - - - - - - - - - - - - - - - - - - - - - - - -
- - - -
- - - - - - - - - - - - - - - - - - - - - - - - - - - - - - - - - - - - - - - - - - - - -
- - - - - - - - - - - - - - - - - - - - - - - - - - - - - - - - - - - - - - - - - - - - -
- - - - - - - -

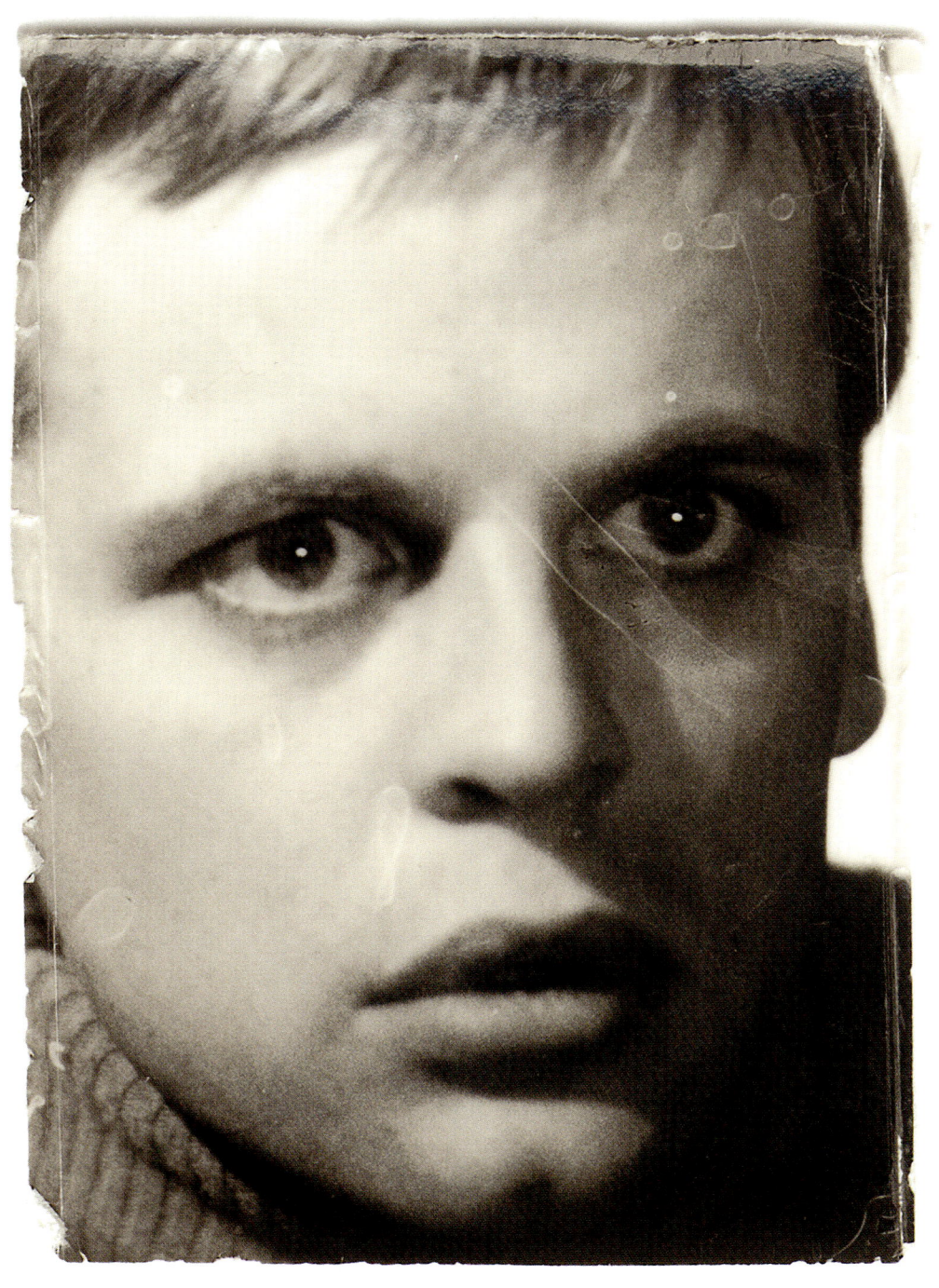

Ich biege mir das Tier an deinem Mund
zurück unter die Brücke aufgestreifter Lenden –
die heißen Früchte an den bunten Händen –
erfrischen mich und machen mich gesund

Der Haare Flockenstrauch verschneite leise
die dummen Strophen angelernter Trauer,
und wie besoffen von der nackten Wut
kocht wie ein Pelz um dich das schwarze Blut
geflammter Trauben um die bleiche Mauer –

Da hagelt die Kaskade deiner Zähne
flüssiges Salz in meine offne Brust –
dein Kuß ist striemenrot und brüllt vor Lust
und trinkt und gurgelt wie an einer Flasche –
ich liege unter dir und fresse Asche.

# IM BORDELL

Die Kleider schmolzen mir wie dünnes Blei —
die Hände vorgehalten wie ein Kind —
von meinem Hintern sank die Welt wie Brei —
die Augen einer Brust wie Wüstenwind
küßten den Sonnenbrand in meine Haut,
schielten wie Irrlicht vorgestreckt und wund
wie scharfer Kot in meinem trocknen Mund.

Weinend wie Wahn knüppelt der Brandgeruch
dieser von Gott zu früh gebornen Kinder
sich auf die Penner wie ein spröder Balken —
ein zäher Fluß — wie ausgestopfte Falken
hing sich um sie die müde Wut — ein Blinder —

Mit einem weichen Sprung stand ich vor ihr:
der Föhn der Schenkel kreiste unter mir
und quoll wie Samt auf meinen roten Fuß —
ich griff ihr lachend in den zweiten Mund
und trank das Hostiensalz von ihrem Bauch
und badete in ihrem schwarzen Tier:

Da jauchzten ihrer Brüste Mörderaugen
über mein lustzerstochnes Kindergesicht,
bissen sich gegenseitig in den Arsch
und stampften wie ein wetterfrohes Schiff
und freuten sich, daß ich ihr Blut begriff
und tanzten um mein durchgeglühtes Rohr,
wie um ein Götzenbild in einem Kraal,
um meinen Körper wie ein Seidenschal
und pfiffen Freiheitslieder in mein Ohr,
flitzend wie Wahrheit, wie Polarlicht,
wie blanke Sonnenblumen sich zur Sonne schrauben!

Noch eben war sie eine müde Sau —
wir beide aber warfen uns taghell
über die kranke Treppe vom Bordell
in eine Hölle flammender Tapeten
und bäumten uns im Osten zweimal auf!!
und wie ein Messerhagel von Trompeten
zerreißt sie mich wie eine junge Frau ——————————

**LASST MICH AUFRECHT STERBEN**

Das Feuer fault!  und wo ist mein Gesicht!!
der Wahnsinn hat ein Angebot gemacht!!
der faule Tran von einem Kirchenlicht
verschmiert das helle Rot
von meinem Stern — ich will auch meinen Tod!!
ich hab ihn eingepackt und mitgebracht!!

Ich schrei euch zu, weil ich nicht beten will,
denn Gott hat mich gelangweilt angepißt —
ich habe seinen Euter nicht vermißt,
denn seine Himmel halten nicht mehr still —

Laßt mich vorbei!  ich trage nichts als Scherben!
die Blüte trägt im feuchten Schmerz mein Zeichen,
dem wunden Fleisch der Sonne auszuweichen,
und schlagen hin und sterben immer schneller!
ach, Gott der Schmerzen, laß mich aufrecht sterben!
und schlage mir mit einem dicken Knüppel
den eingefreßnen Starrkrampf vom Genick!
sonst werd ich von der Wunden feistem Teller
wie eine Sau so dick!!!

**DIE HEIRAT**

(die dicke Braut)

I

Aufgebaute Blumenglatzen
aus vergoldetem Maché,
drohend wie Liliputaner
blättert sich der Christushaufen
unter schlappen Sonnenstrahlen,
die im Jodgestank ersaufen.

rückwärts kommt seine kastrierte Stimme
wie der Stachel einer Spinne
durch das Unterkleid gekrochen,
und die Hostie hat zerbrochen
wie ein Feuerstein gerochen,
die Uhr vom Hospital brüllt die Zeit.

II

Furzend lümmeln sich die Gäste,
rogenblank wie fette Hechte
über ausgespuckte Reste heißen Brots
und ausgelutschter Eier –
blutend unter einer Säge
sitzt das dicke Hochzeitsweib,
und das schwielige Gehirn schweigt und schreit –
sieht wie lackgeschwollne Lippen
nach dem zähen Essen pfeifen,
Wurzeln springen unter faulen Zähnen –
einer frißt das gummilange Gähnen –
in seinem Maul brennt Filz – so wie ein Rabe
auf einem Berg von Lederleichen – ein viel zu kleiner Knabe
kotzt vom Zotendreck besoffen
blutgefleckte Grütze aus –
zerpestet wie in einem Totenhaus
bricht das letzte Licht in sich zusammen ——————————

Wie ein ausgerissner Baum
schlägt die Nacht um sich und schleudert ihre Ketten
auf die Frau, die ihre rohen Kleider
sprengt und ihren Blutkloss an das kalte Fenster
preßt, und erwürgt die Schamgespenster
und steigt witternd und geduckt
auf den Mann, der im Delirium zuckt –
und berührt mit ihren Pocken,
die sich auf die Brüste hocken,
drohend seinen stumpfen Leib:

wie ein ausgedrückter Schwamm
liegt er in dem zähen Saft
ausgerotzter Männerkraft,
wie im Harz ein abgeschlagner Stamm –

und im Quecksilber der Lust
pliert die Jungfrau aus dem Bild,
die wie Talg auf ihre Brüste tropft,
bis der Ausschlag von dem »Vater Unser«
ihr das Maul mit Wahnsinn stopft.

und im Fleischgebirge ihrer Formen
rast die Mutterwut wie Mord –
durch die Türe vom Abort
schäumt ein kochender Geruch,
der wie Schnee auf ihrem Leibe weiterwächst,
und sie schmeckt das Salz der Freude,
das vom Bauch in ihren Mund gekleckst –
und sie stürzt sich eiterwild
vor das müde Christusbild,
und mit der zerrissnen Zunge
schlägt sie nach den roten Wunden,
und die Feueröfen ihrer Lunge hageln
harte Blasen auf die ausgespreizten Beine,
wie ein Päderast schämt sich der feine
Herr am Kreuz und sieht beleidigt aus –

Da schlägt sie das Götzenbild in Trümmer,
reißt die Jungfrau an den Haaren:
Christus! Hundesohn! verdammter Spott!
hilf Maria! hilf, du Hurennummer ...!
du, ich habe einen scharfen Brummer
unterm Bauch! kastriertes Buhlweib! stier
doch nicht so blöd auf meinen Krater!
den Christusbalg befruchtete sein Vater!!

IV

Wie ein rasendes Geschwür
sackt sie in die Lokustür –
blutgestreift und euterwarm
sprudelt Milch auf ihren Bauch,
und der Faun in ihrem Arm
bläht sich wie ein Schlauch ——

Und Maria stürzt aus ihrem Bild
und leckt den Blutschaum und die Tränen auf
und kauert sich geschwollen trauerwild
auf das ausgepeitschte Bett,
die Mutterfäuste dröhnend auf den Augen –
und ein geilgemachter Gott stiehlt sich aus dem Zimmer.

# IM FÜRSORGEAMT

Arbeitsidioten Essigsäufer Lumpen –
ein Stoßtrupp Mumien donnert durch das Haus –
ein Rudel Mütter torkelt wie besessen,
der neue Keim verlangt schon was zu fressen –
und hustend wie aus angestockten Pumpen
kotzen die Kinder ihre Herzen aus.

Abteilung III: für amputierte Strolche,
die wagten, aus dem Krieg zurückzukommen –
verneigten sich verwittert und benommen
vor ihren »Prüfern«, die wie kalte Molche
ohne Gesicht zum Lokus abgeschwommen.

Schneidend bläht sich der Brand verlassner Fraun,
die Mädchen bluten wild durch ihren Schal,
Scharlach und  Fieberkressen blühn auf schorfen Herzen,
aus ihren Beinen raucht das Muttermahl.

So blättern wir die Blasen von den Wänden,
doch der Betonbau ist solide für den Tod,
die Frauenschenkel sind vom Warten rot,
der Babykrampf versaut das Tragekissen,
Fürsorgerinnen gehen immer pissen
wenn sie den Aussatz fürchten und den scharfen Kot!!

und nässend wie verwester Lebertran
schielt ihr Gedärm über die Wartebahn –
im obersten Ballon der abgebundnen Blase
klopft Leichenfraß, ein Dorn aus Schwefelsäure,
Waggons voll Eiter, Hautgeschwüre, eine Beule
wie Lepra eines Weltenuntergangs,
von ihrem Wurm zerfressner Schweiß, Eunuchenpappeln,
Karbol, der Schorf der Ärsche aller Welt,

Blutwolken mit Urin, zehn Jahre abgestanden,
zerquetschte Schaben, zehn Millionen Flöhe,
Schwärende Hornhaut einer Pfaffenzehe,
geschwollne Läuse und Milliarden Zentner
Wanzenschmalz, endlose Gruft — wie schlappe Algen
Schwappen sie durch die Gummiluft der Rentner!!


Im zweiten, dritten Teil ist noch viel mehr vorhanden,
daß sie auf der Latrine selbst in Ohnmacht fällt:
geballte Elefantenlöcher voller Rotz,
Gestank von Affenschläuchen, Nachgeburt
von Ratten, durchgeblähte Hurenmatten,
kleingehackt und aufgeschnurt — die Totenhäuser
der Ägypter sind ein Erfrischungsraum
gegen den eingedickten Höllenschaum
dieser Beraterin für Hungerfragen!
paß auf! es geht dir an den Kragen
wenn Christus mal der Erde einen Fußtritt gibt!!
und wie ein ausgetretnes Sieb durchsiebt
wirst du von seinem Blut zertrümmert
wie Abflußrohre uns am Hintern hängen!
dann scheißen wir dir in den Balg
und rächen uns für die Beerdigung!!!!

... ich möchte so gerne mit dem Gesicht
an der Sonne bleiben —
ich möchte so gerne wieder lachen können —
ich möchte so gerne nicht mehr weinen müssen —

und aus den Lippen werden rasende Kinder sein
wie wahnsinnige Rosen —————————

# DAS JÜNGSTE GERICHT

I

Jesus! du bist ein abgenutzter Schlauch!
rotz doch den Lumpen mitten ins Gesicht!
wie lange dauert das versprochene Gericht!!
noch immer kraucht das Pack durch deinen Bauch!!

II

Die Kinder haben ihren Leib für morgen eingetauscht!
schämt ihr euch nicht!
das hier ist kein Gedicht!
das ist das letzte stinkende Gewicht,
mit dem ihr senkrecht in die Hölle rauscht!

III

Der Mond hat alle Wolken totgebissen –
die Vögel haben keine Drüsen mehr –
wäßrige Sonnen kriechen krank und schwer
über den Himmel, und zerrissen
laufen sie langsam aus wie kalter Teer ...

IV

Bazillen sielen furzend durch mein Gras –
die Lues arbeitet wie eine Säge –
vor meinem Fenster sitzt ein Baum aus Glas –
ach! wenn ich erst auf spitzen Sternen läge!!

seine a
hre rund
sterbe
kniessen
wahnsin

Wenn sich des Abends Stirne schreiend bäumt,
seh ich der Blumen heißgeweintes Leuchten,
das in die Nächte eingebeizt am feuchten
geöffneten Gesicht des Windes schäumt.

Und manchmal, wenn ein Kind herüberweht,
das seine aufgekochten Blasenhände
um ihre rundgerasten Scheiben preßt,
dann sterben sie in wilder Pirouette
und küssen ihm die Liebe in die Augen,
die wahnsinnsweich und ganz voll Wahrheit sind,
und stoßen ihm die Brust der Kraterwunden
in seinen Mund, um nicht zu schrein ...

Und wenn ich dann des Morgens Fieberfächer
heruntertrete wie ein langes Hemd,
dann fühl ich einen Mund, der sich entgegenstemmt,
und aus des Gartens siedendheißer Staude
streift mich ein vorgeschraubter Ton
und ein verbranntes Blumenauge.

**SCHON VERSAUT**

Ich lecke der Gebete schwarzen Stein —
auf meinen Lippen irre Trauben blühn —
ich spucke auf den Gott, der auf den Knien
mit Hostien gurgelt wie ein krankes Schwein —

Da zuckte wie ein fiebernder Magnet
in dicken Saft gespreizt ein blauer Bauch zurück,
wild aufgedrosselt wie ein Galgenstrick,
und trommelt das Korsett der Schenkelhaut
wie ein elektrisches Rollo —
und Sichelblitze beißen in das Stroh,
auf das der Gummi weißer Weiber tropft,
wenn aus dem Muttermund Malaria klopft —
und Irrlicht splittert gegen meinen Fuß —
aus meinen Fingern hängen strangulierte Blumen —
auf meinen Augen eitert ein zertretner Kuß —

Und aus dem Schweiß der weißgepeitschten Blumen
springt mich ein roter Nadelregen an:
das ist Ophelia — viergeteilte Braut —
sie schreit nach einem heilgebliebnen Mann!

aus meinen Beinen brüllt ein schwarzes Kraut —
mein kurzes Leben hat mich schon versaut!!

**DIE AMAZONENSCHLACHT**

I

Plötzlich wie von einem tollen
Wetterkuß elektrisiert,
von dem Fieberkranz zerleuchtet
haben sie sich angerührt.

II

Und ein hagrer Feuerpilz
schreit wie ein gestochnes Herz
in den aufgeplatzten Himmel,
tanzend wie ein Liebesschmerz.

III

Smaragde Flammen strudeln aus der Kehle,
die wie geröstete Kastanien springen,
und aus ihren Häuten singen
sich die Adern wie gequollne Pfähle.

IV

Fremd und zotig gröhlen Landsknechtslieder
und elektrisch stieren Bulenbrüder
durch den Fruchtschaum ihrer zugeklebten Augen –
wollen gleich in Kirschen beißen,
wollen Hüften auseinanderreißen,
fressen, saufen und zusammenschlagen:

V

Da umkrallt sie ihrer Brust Gewitter,
hagelt sich wie stumpfer Kegelregen
auf den Schädel vorgedreht und bitter,
und auf ihre Schenkel träufelt Bregen ...

VI

Amokrasend mit dem Gift der Lippen
fetzt sie ihm die Gischt in seine Augen
und im Starrkrampf ihrer ausgekotzten Laugen
sieht sie ihn geblendet überkippen.

und mit ihren qualmzernarbten Händen
zischt sie keifend wie gejagte Hechte
um den Widdernacken zweier Knechte
und erstickt sie wie in einer Frucht
in der Schwefelkralle ihrer Lenden,

greift hysterisch blutend in die Flammen
drosselnd mit den steilgeschwollnen Haaren,
und umbrodelt vom Gesträuch der Pfeile
bricht sie farbenüberströmt zusammen. –

VII

Essigwolken hingen aus dem Himmel –
unter einem totgepeitschten Lümmel
eitert eine breite Kriegerin
und umklammert das verlöschte Fleisch:
Mutterwille sabbert übers Kinn ———————

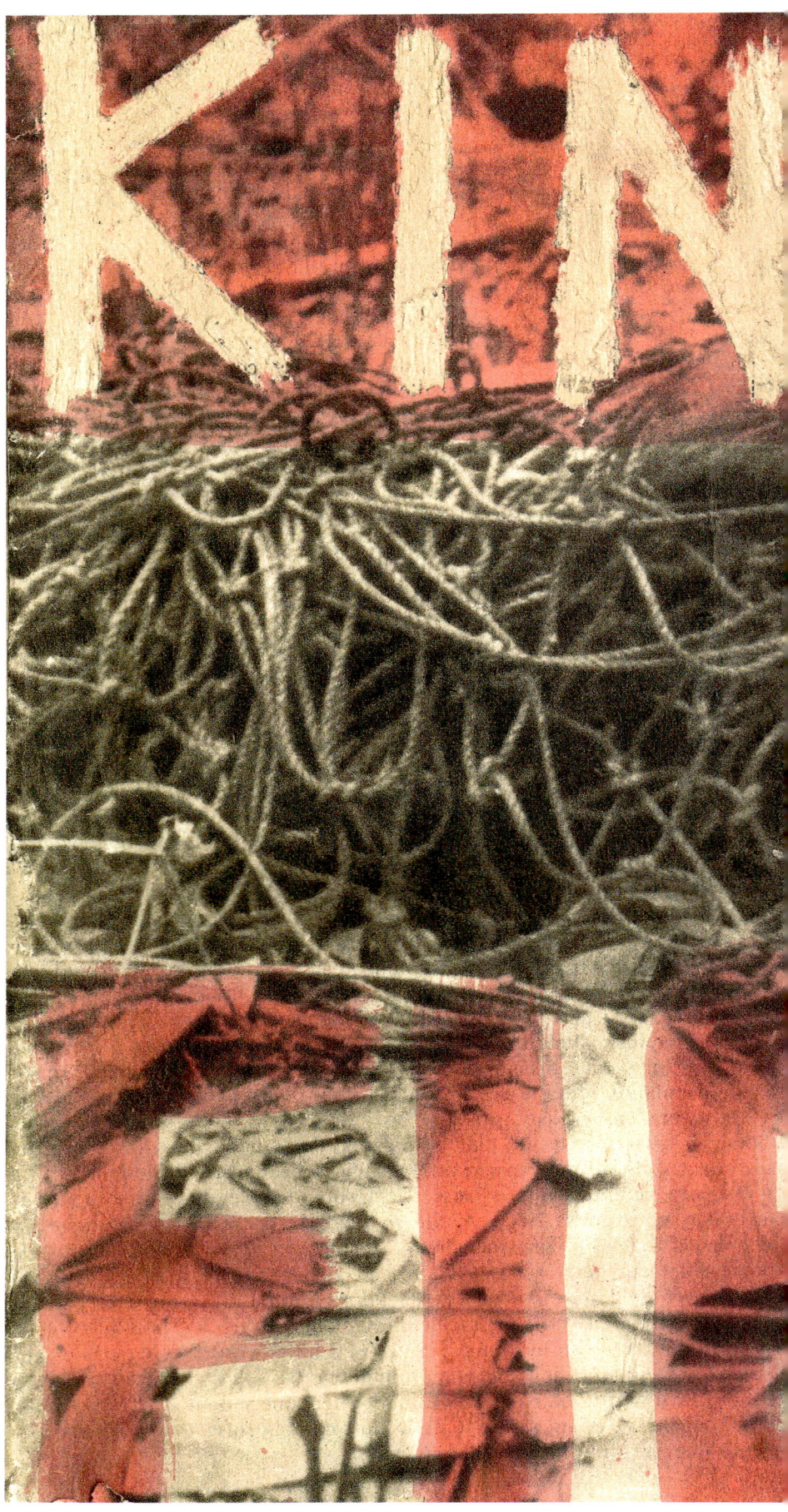

MEINE TODESWONNE

Als ich im letzten Leben durch die Straßen stand
kam ich mir vor wie eine offne Sau –
so aufgeblasen war des Himmels grüner Pfau
und abgezählte Qual war neues Land.

Der Pockenschorf erstickte jede Blase –
die Messinghimmel stürzten ein und fuhren mit –
die Auferstehung hatte ohne uns gelitten
und fremde Sünde mußte für uns bitten –
die kalten Sommer standen in der Vase ——

Ich sah auf unsre Hände und ich weinte –
im Sande waren Spuren ohne Blut –
mir fehlte selbst zum Sterben jener feige Mut,
weil sich ein Vers auf junge Bäuche reimte –

Ich stahl die letzte Lüge für ein Licht was stinkt –
doch in den letzten Fenstern turnte die Verwesung –
wir glaubten nicht und sprachen von Genesung
und lachten gierig, daß der Christus hinkt ——

»O Gott, hilf mir« – wir stehlen und wir laufen!
»O Gott, laß mich« – wir hassen dich und wollen lieben!
von so viel Hölle sind wir angetrieben!
die Reue können wir uns selber kaufen!

Der Sommer kommt zurück – ich habe so gelitten –
wie schnelle Fische, flitzend weiß ist dein Gesicht!
ich weiß nicht, wie man Herzen wiederkäut –
ich weiß nur, daß es meinen Engel gibt bis hin zur Sonne!
wie helles Licht schreit meine Todeswonne ——————
noch nie hat sich ein Mund so sehr auf einen Kuß gefreut!

Jod, Karbolschaum, gelbes Blut —
ein Transport von Eitertonnen —
Dirnen zu Ballons geblasen —
eingerissne Mutterpocken —
Menschenbrut in Eisenvasen —
madenschwimmend und verkommen
leugnet Christus seine Wut ——

Wie ein brennend nasser Wald,
eingekeilt in Feuergraben,
drohen Kinder, schwer und alt —
Ruhr zerfressen scheißen Raben
auf das Gips gerotzter Zeichen
alberner Soldatenzeichen ——

Eingeknüpft in scharfe Fetzen
die den Weg vereisen,
tragen sie das rohe Eisen
einer unsichtbaren Wut.

Wie geprügeltes Gehirn
aus dem harten Schoß
bläht ein Schoß
und verscheucht sich wieder.

Und der Kinder wilde Schicht
kommt nicht ganz zur Welt,
denn ein eigenes Gesicht
kostet Geld.

Vor der Höhle hinterm Leben
schreit das Blut nach unten,
und aus einem toten Klumpen
weinen Hände.

Dem Mond eitern die Ohren —
den Pferden quellen die Augen aus den Poren
und ziehen sich wie eine Gummischicht
auf ölgeschmierte Bänder —
die nackten Vögel schwitzen Neonlicht —
und schnelle wache Kreise im Geländer —
ein überfüllter Friedhof bläht
sich wie ein leberkranker Baum im Wind —
ein schwindsüchtiges Kind
trägt seinen Husten wie ein Holzschwert —
die Beule unterm Tisch wird hell und groß —
und mit verkohlter Hand herausgeschnitten
sausen dem angeschnallten Christusvieh
die Hämorrhoiden aus dem Gottesarsch
in seinen aufgesperrten wunden Rachen
und flattern auf wie schwarze Diphterie —

dann stottert Regen auf den zugenähten Schoß.

Ich richte mich auf - ganz steil - wie es Baeume tun,
wenn sie wissen,dass es Zeit zum Sterben ist - - -
ich muss weg von hier!!

# NACHWORT

NACHBETRACHTUNG ZU DEN GEDICHTEN EINES MANNES, DEM ICH NIE BEGEGNET BIN. Im Frühjahr 1999 entdeckte ich in jenem Internet, von dem Klaus Kinski zu Lebzeiten verschont bleiben sollte, den Katalog eines Münchner Auktionshauses, in welchem die vorliegenden Gedichte Fieber und einiges mehr – ein ganzes Kinski Konvolut – angeboten wurden.  Es handelte sich ganz offensichtlich um nie publizierte, Kinski wer weiß auf welchem Wege abhanden gekommene Texte, Werkteile, die nach Veröffentlichung schrien und nicht in kunstfremde Hände fallen durften, in die Obhut eines Sammlers von Nachlässen berühmter Schauspieler.

Mit dem festen Vorsatz, zu bieten, anschließend dann die Erben ausfindig zu machen, fuhr ich nach München, hob meinen, in solcherlei Angelegenheiten seit der Schulzeit ungeübten rechten Arm, nervös und, wohl gefährlich, allzu früh, und ersteigerte dennoch die Heiligtümer. Es hatte nur ein Gegengebot gegeben.

Ob die Geschichte, die man mir im Rahmen meiner Recherchen in den nun folgenden Wochen berichtete, zutrifft, weiß ich nicht;  vieles spricht dafür.  Und ebenso ungewiß wird es bleiben, ob das so aufgetane, einseitig auf luftpostdünnem Papier verfaßte Manuskript Fieber mit jenem, wie Thomas Harlan berichtet, auf Pack- oder Kraft-Papier gefertigten Werk identisch ist, das aus den Koffern von Neuilly-sur-Seine in Diebeshänden verschwand.  Auch hier bleiben die Zweifel vollkommen. Die Sammlung, so viel steht jedoch fest, war von einer mit Hausauflösungen befaßten Dame aus offenbar rein kommerziellen Erwägungen und in Ermangelung achtbarer Gründe zur Auktion gegeben worden. Bei der Toten, deren Haushalt aufgelöst worden war, handelte es sich, so hieß es, um eine Jugendfreundin Kinskis, eine Bayreuther Ärztin oder Arztfrau, die, verheiratet, stets sorgfältig bemüht war, ihre stille Leidenschaft zu verbergen, der sie bis zu Kinskis Tod anhing. Ihre Liebesbriefsammlung, so erzählte die Auflöserin, habe in den letzten Tagen und Ängsten vor ihrem Ableben die Toilette des ehelichen Hauses verstopft. Schon im Herbst 1955 hatte eine Reporterin der »Film-Revue«  anläßlich eines Selbstmordversuchs Kinskis von der Existenz eines »noch ungedruckten Buches Fieber - Tagebuch eines Aussätzigen aus der Feder Klaus Kinskis« gewußt, das ein bekannter New Yorker Verlag »einmalig, aber unerträglich aufreibend« genannt hatte.

Kinski nennt das Manuskript in seiner frühen, in der dritten Person verfaßten und bislang noch unveröffentlichten Autobiographie Die menschliche Stimme ein Buch, »das mit seinen achtzig revolutionären Gedichten in diesem Jahrhundert nicht seines Gleichen hat« … »An manchen Tagen«, sagt er von sich, »schreibt er mehr als zehn Gedichte; er überlegt nicht mehr; alles ist fertig seit langem. Er kann kaum mit dem Federhalter folgen, so schnell arbeitet sein Gehirn; wie einen Aufschrei schleudert er die Worte hin.«

Kinski starb am 23. November 1991, in der gleichen Woche wie Freddy Mercury. »Die Menschen werden von mir sagen«, hatte er seinem Sohn, seinem einzigen, Nanhoï, prophezeit, »daß ich tot bin. Glaube ihnen nicht!  Sie lügen! Ich kann niemals sterben.«

Sie lügen. Er kann niemals sterben.

Peter Geyer